营销内核

市场、品牌、消费者深层次洞察与创意策划

秦鑫 著

人民邮电出版社
北京

图书在版编目（CIP）数据

营销内核：市场、品牌、消费者深层次洞察与创意策划 / 秦鑫著. -- 北京：人民邮电出版社，2020.5（2020.11重印）
ISBN 978-7-115-52313-6

Ⅰ. ①营… Ⅱ. ①秦… Ⅲ. ①营销 Ⅳ. ①F713.5

中国版本图书馆CIP数据核字(2019)第230215号

◆ 著　　　秦　鑫
责任编辑　马　霞
责任印制　周昇亮

◆ 人民邮电出版社出版发行　　北京市丰台区成寿寺路 11 号
邮编　100164　　电子邮件　315@ptpress.com.cn
网址　http://www.ptpress.com.cn
北京虎彩文化传播有限公司印刷

◆ 开本：700×1000　1/16
印张：16　　　2020 年 5 月第 1 版
字数：214 千字　　　2020 年 11 月北京第 2 次印刷

定价：59.80 元

读者服务热线：(010)81055296　印装质量热线：(010)81055316
反盗版热线：(010)81055315
广告经营许可证：京东市监广登字 20170147 号

推荐序 1

企业最缺的是建立营销生态系统

作为投资人，我经常会被问及一个问题：选择一个项目最看重什么？

过去，我们最看重的是创始团队，比如，创始人是否全心全意投入某一项目？如果创始人同时在做几件事，投资者可能也不敢冒险投资这个项目。同时，我们还会考察创始团队是否符合要求，如创始人的视野、商业逻辑，团队打造产品的经验和能力等。这些都是投资者比较看重的东西。

近年来，投资者越来越关注技术。随着产业升级，技术驱动成为一种新的趋势，技术对产品的意义被放大。比如，同一个行业的两家企业，一家企业只要拥有业界领先的技术，就可能更容易获得投资，即使另一家企业看起来在其他方面更具优势也无济于事。然而，技术只能让企业保持短时间的领先地位，企业极有可能在两三年后被超越。

除了技术，投资者还关注企业是否有竞争壁垒以及其构筑竞争壁垒的能力。简单来说，就是时下流行的“商业模式”之说。有了酷炫的商业模式，“一个煎饼”可以获得 2 亿元的融资，这样的“神话”故事近几年时有发生。可惜商场是非常现实和残酷的战场，一切虚荣和繁华最终都会褪去。再美好的开端、再激荡人心的商业模式，最后都输给了“变现”二字。互联网泡沫的破灭，让投资者逐渐恢复了理性。听了太多“自嗨”的商业模式，在被PV（Page View，访问量）、UV（Unique Vistor，访问数）、引流、聚流等名词轰炸之后，投资者开始重新关注重点：企业是否拥有高级别的市场与营销能力。

要想将诱人的前景变成现实，不仅商业模式要“硬”，市场与营销也要“硬”。在移动社交时代，很多企业的营销策划和市场处于分离状态。造成这种状态的原因，有不自知的“自嗨”，也有无能为力的无奈。

从产品策划、营销模式设计到最终的商业变现，中间隔着几座“喜马拉雅山”！曾经有一段时间，投资者被酷炫的O2O（Online To Offline，线上到线下）、注意力经济和分享经济等迷惑，眼睁睁地被“灰犀牛”撞击。现实中总会遇到很多“烧钱”的“灰犀牛”项目，投资者提醒自己不要碰到它，但最后还是碰到了。

有很多营销策划能力很强的企业，倒在从免费到付费的路上。在策划事件吸引眼球上，他们很有创意，但很可惜，最终没能带来有价值的流量以提升“日活”（每天的活跃用户数量）。也有很多盈利潜力无限的企业，他们大搞连锁扩张、多品牌矩阵式扩张、自建航母式平台扩张，但越是追逐虚荣指标、快速扩张，企业倒闭得越快。

上述问题的根源在于这些富有创意和创业激情的企业缺乏营销生态系统。正如本书提到的：现在的营销不再以单一的渠道为王、创意为王、内容为王，而是以系统运营为王，企业必须把营销视为一个系统工程。企业想做好营销，就必须让企业上下所有人员都明白一个道理：营销工作是一个有机的整体，产品、市场、广告公司、渠道、一线销售人员，环环相扣，缺一不可。很多企业就单一的品牌营销、注意力营销、渠道营销、危机营销等创新营销而言，都没有问题，但综合起来反而缺乏实效，这就如同一盘盘好吃的饭菜摆在餐桌上，可食客却被关在了餐厅门外——只有打通营销与效果监测，做实效营销，企业才能有未来。

老鹰基金创始人、新龙脉控股合伙人、长远控股董事长　刘小鹰

Back to Basics（回归基础）：营销创意以实效论英雄

2015年，“互联网+”大潮席卷，时间的齿轮开始推进到一个“颠覆”的时代，或者说重新开启了一个时代。从传统的广告传播到如今互联网环境下的创新传播，品牌传播开始面临新的挑战。秉承“创新为王”的基础顺势而为，已经成为当下营销发展的必然趋势。大数据的发展，消费者接收信息的碎片化，内容创意与创新传播在网络与移动互联网营销中的运用，对消费者进行精准营销，这些都意味着品牌营销正在一步步走向数字化。如何满足消费者的个性化需求，实现创新、精准化营销传播，达到知行合一、品效合一，已经成为当下营销发展的最重要的问题。

随着互联网营销的发展中心向移动端转移，市场决策权高度集中在消费者手中。在过去20多年与国内外创意营销界合作的实践中，在与国内知名互联网公司——百度、360、网易的合作案例中，我们发现这一阶段企业主要是以消费者随时随地的个性化、碎片化需求为中心，满足消费者的动态需求。建立在工业4.0（移动互联网、物联网、大数据及云计算）、柔性生产与数据供应链基础上的全新营销模式，将消费者纳入企业的生产营销环节，实现，全面的商业整合，如Uber、小米等。

如今，我们已经进入了营销4.0时代——智能营销阶段。智能营销讲究知与行的和谐统一，强调人与计算机、创意与技术、企业文化与企业商业、感性与理性结合，创造以人为中心、以网络技术为基础、以营销为目的、以创意创新为核心、以内容为依托的消费者个性化营销，实现品牌与实效的完美结合，将体验、场景、感知、美学等消费者主观认知建立在文化传承、科技迭代、商业利益获取等企业生态之上，最终实现数字化商业创新、精准化营销传播、高效化市场交易的全新营销理念与技术革新。

营销越来越受重视，企业每年为营销花费上千万元乃至上亿元，其中哪些是有效的营销费用，哪些是无效的呢？单纯“自嗨”的营销并不是为了品牌传播，而是为了传播而传播、为了营销而营销，这种营销没有任何意义。那么如何鉴别哪些是单纯“自嗨”的营销呢？

企业在社交媒体运营中常会碰到 3 个问题：有平台无效果，有资源无话题，有互动无数据。针对这些问题，企业应该如何处理呢？

带着这些问题，我们一直在思考更加适合未来发展的营销理论，新的营销理论被不断运用于商业实践。在我们以拥抱互联网的心态做营销时，我们发现市场的疆域突然变得宽广起来，而这一切的结果又终会指向实效——营销的内核到底是什么？

我曾与秦鑫共事过一段时间，至今我担任执行主席的国际艾奇奖也一直与秦鑫及其团队保持着密切的合作，我们也有过多次关于时下品牌营销的讨论。无论是传统的广告传播时代，还是现在的品牌电子化时代，营销终究离不开两个核心要素——创意和洞察。

如前面所言，“互联网 +”时代是一个“颠覆”的时代，随着信息的飞速传播，大量的信息以碎片化的形态挤进人们的日常生活，信息获取变得简单，但个人收获却变得困难起来。信息的传播取决于内容，只有有效的内容，才能激起用户的兴趣。创意是内容的灵魂，无效的创意难以支撑内容的延续。而洞察互联网用户的需求，将品牌个性通过创意手段精准地传达至目标人群，这正是秦鑫所擅长的。

创意源于洞察，包括对市场的洞察、对品牌的洞察、对消费者的洞察。

我们需要深层次的洞察，让更多优秀的企业和品牌能够在这个时代脱颖而出，凸显它们的价值。所有重点都集聚到一个点上，势必会释放出指数级的影响力，而集聚源于洞察。

目前，很多品牌的“水土不服”很可能是源于新媒体环境下对消费者的错误认知。企业应该如何看待消费者，如何发现消费者的需求，如何走进消费者的内心呢？互联网营销工具的使用能让营销效果更有保障，那么，哪些工具是最适合企业的，这些工具又该如何使用呢？互联网会将危机放大，一个小失误就有可能引发蝴蝶效应，给企业致命的打击。面对危机，企业需要做哪些未雨绸缪的准备，需要做哪些适时而动的应对呢？

目前，媒体、广告、公关、营销的边界越来越模糊，营销已经变成一场整合的战役。一招制敌、单枪匹马走天涯的神话终将走下神坛，未来我们将如何应对？时代的巨轮仍在不断地向前滚动，当新时代到来时，只有具备前瞻性、创新性的企业，才能引领时代发展的潮流。品牌营销之路将何去何从？何不在秦鑫的这本书中寻找答案呢？

国际艾奇奖执行主席　贾丽军博士

实效营销：让浮躁和虚荣回归市场本质

孔子说：“见贤思齐焉，见不贤而内自省也。”人类发展进步的一个最佳途径就是自我反省，但很多人能把天上的繁星数得一清二楚，自己脸上的斑点却看不见，对他们来说，最难的事情就是向内看，进行自查、自省。秦鑫的这本书将表面的光鲜撕裂给人看，把血淋淋的残酷现实暴露给人看，让人读后不得不重新审视自己。

海尔集团总裁张瑞敏说：“没有成功的企业，只有适应时代的企业。处在互联网时代，企业只能跟上互联网。百年企业就是通过‘自杀’重生的。”在现在这个互联网已经全面颠覆过去的时代，不管是百年企业还是新生企业，大家都摩拳擦掌，去旧迎新；他们尝试新技术，他们实验新方法，他们升级、转型，可是结果怎样呢？这是一个很多企业不愿承认却不容忽视的事实：他们正面临着“旧方法靠不住，新方法学不会”这样一个骑虎难下的尴尬处境。原因出在哪里呢？这本书一针见血地指出来：这个局面的形成跟外在营销环境越来越复杂无关，跟市场竞争越来越激烈无关，跟消费者越来越聪明无关，我们需要的是向内寻求答案。

有的企业陷入急功近利的浮躁中，它们特别青睐通过短时间的包装推广，迅速打响品牌的知名度，几天时间就能创造销售神话，一口就能吃个胖子。

有的企业陷入了头痛医头的短视中，他们推崇渠道为王、创意为王或者内容为王等某个制胜风向标，却不知道现在的营销更应该是系统运营为王，企业必须把营销视为一个系统工程。

正如秦鑫在书中提到的，在现今这个嘈杂和混乱的营销环境下，企业要想做好营销，必须使公司上下所有人员都明白这个道理：营销工作是一个有机的整体，产品、市场、广告、渠道、一线销售人员，环环相扣，缺一不可。要想做到这点，说起来很简单，真正执行起来却面临着各种各样的问题。

第一，企业内市场部和营销部应该如何协作。很多企业都曾存在市场部和营销部互相扯皮的情况，两个团队无法形成合力，很多资金、资源、机会都白白浪费了。

第二，企业内产品部和市场部应该如何合作。再好的产品脱离了市场，也就丧失了活力；再好的市场没有好的产品，也就成了无源之水。两者无缝连接起来，整个市场才能真正盘活。

第三，企业和外部广告公司应该如何合作。尺有所短，寸有所长，专业的事交给专业的人来做，企业才能赢得更长远的发展。很多企业曾经尝试自建广告团队，这无异于闭门造车，这样的团队很可能会因为自身的能力、资源、眼界的限制落得无疾而终。企业跟外部广告公司合作，需要识别哪些是规则、哪些是套路，避免走弯路。

第四，企业和消费者如何沟通。现在的商业环境中，得消费者得天下。但消费者变得越来越复杂，越来越难以捉摸，很多企业觉得引入一个大数据分析就可以掌控消费者。可无数事实证明，这是远远不够的，企业应该在赢得消费者的青睐上花更多的心思。

在人生哲学中，“自重”“自觉”“自制”可谓生命的崇高境界。在企业经营中，“自重”“自觉”“自制”同样重要。只有“自重”，我们才能知道哪些该做、哪些不该做；只有“自觉”，我们才能及时发现自身的问题，并及时调整；只有“自制”，我们才不会被外在的繁华迷乱双眼。

在营销领域，企业要做到“自重”“自觉”“自制”，就要做到实效营销，不能花钱去买热闹，也不能为了省钱而固守现状，更不能在追求利润中迷失自我。在这个全民社交的时代，企业要采取的，不是社会化战略，而是在社交化的世界中如何生存的战略。品牌、营销不再是不食人间烟火、虚无缥缈的东西，而更应该接地气、有实效！怎么接地气、有实效？本书将给你提供一二思路。

中网载线（CNET）董事长、CEO　程汉东

把握现在，将世界甩在身后

试错是互联网发展的特性，但不能成为犯错的借口。常有人夸言要大胆干、蒙头做、猛尝试，直到撞墙了，还自我安慰说这只是试错，不过是暂时走弯路而已。其实，所谓失败虽然可以让我们变强大，弯路虽然可以让我们获得成长，但只是失败的失败无法孕育成功！尤其今时的市场瞬息万变，试错的成本越来越高，当你还在吸取经验教训的时候，别人很可能已经另换跑道，让你转眼都看不到尾灯了！所以说，我们仍然需要多方总结经验，充分掌控各种意外的可能性，尽可能少走弯路，尽可能抓住所有眼前飘过的机会。

秦鑫十余年亲身经历的营销案例，以及多年来成功经验的总结，都体现在这本书中。他针对企业营销中常触碰的误区、企业营销的正确思维、企业营销的有效方法、企业营销的有力工具、企业营销的危机管理和企业营销的未来机遇等，逐一进行阐述。其丰富的内容确实能帮助营销策划专业人士、企业主和中高级管理人员、广告策划及创意人、新媒体运营者等人群少走弯路，少犯错误。

本书强调“实效营销”，目的是在提醒企业要少点花式，多点实在，要把关注点放在结果和目标上，而对那些花式噱头和酷炫形式，能省则省。因为对于企业决策者来说，做营销绝不该为自我的心理安慰而买单。

但这却戳中了当前营销市场中惯性思维的痛点。

SpaceX、Tesal 与 PayPal 三家公司的创始人埃隆•马斯克，被称为“将世界甩在了身后的人”。他是经济学和物理学的双学士，文理兼修。他做的都是从零到一的事情，他的创新之源就在于跨界。这本书的作者秦鑫身上也有着跨界的基因，他是计算机专业的写作才子，他经营过实业，做过电子商务，在公关公司奋斗过，在媒体行业摸爬滚打过，他的人生履历横跨了实业、互联网、媒体、甲方、乙方，这种综合的经验让他能站在一定的高度来看待营销，能对营销有更全面、系统的认识。

知名财经评论人吴晓波曾说：“这个国家好还是不好，明天在哪里？其实不在于我们有多少机器、黄金和高楼，而在于我们每一代有怎样的人。”人决定了国家的未来，人的智慧决定了社会的未来。市场形势虽寒冷逼人，但新时代的弄潮儿中有秦鑫这样的人才，有《营销内核：市场、品牌、消费者深层次洞察与创意策划》这样的经验结晶，未来就依旧让人热血沸腾。

知名广告人、数字营销专家　吴孝明博士

推荐语

品牌营销会直接与受众的时间及其专注力相关联。碎片化时代，受众的时间才是真正的战场，注意力争夺会是一切营销竞争的本质。受众主动接触媒体，也在主动回避广告。品牌营销要有效触达用户，应该思考的是如何让营销争夺到有效注意力，从而实现它的价值。

中国传媒大学教授、博士生导师　丁俊杰

数字时代，市场营销的逻辑发生了根本性的变化。过去是大广告战役（Campaign）大预算，“广告费有一半是浪费的，但却不知道是哪一半”。如今借助用户行为数据分析，目标用户人群画像更清晰，触媒习惯更明确，市场营销更精准，过去被浪费的那一半费用可以被找回来，品效合一备受青睐。秦鑫的《营销内核》一书，是他的一次经验分享之旅。

乐信（NASDAQ：LX）市场公关副总裁
先河环保（300137）独立董事　赵明

营销对于品牌来说从来都不是一个顺理成章的事情，尤其在过去的几年里，我也经历了一些关于自己品牌成长的问题。与表演一致的是，品牌营销的成功同样取决于各个环节的协调统筹，同时我们需要深层次地洞察市场的需求，聚合创意，形成市场所接受的成品，这也正是秦鑫这本《营销内核》的魅力，理论+实践，干货满满！

演员、导演、制作人　黄奕

营销需要有着力点，找到目标消费群体，垂直渗透，这跟表演在某种程度上有共通性。因为品牌崇拜而去买这件商品，因为艺人效应而去追某部电视剧；某件产品因为它成为品牌而价格昂贵，艺人因为作品积累、拥有个人品牌而身价提升。我们不可能取悦所有的观众，但被粉丝喜爱和陪伴却是我们的动力。这是我理解的品牌内核。推荐秦鑫的《营销内核》，里面有更加深层次的营销解析与实践经验，是一本值得入手的营销教科书。

青年演员　种丹妮

本书如同一本行动指南。互联网时代是一个具有颠覆性的时代，传统的营销正在不断面临新的挑战。如何让品牌营销实现更为精准的传播，满足时代下的品牌化需求，在激烈的市场竞争中占得一席之地？创意和洞察是解锁营销内核的关键！

中国当代清朝题材影视剧开山导演、中国历史正剧导演　林鸿

《营销内核》这本书结合了秦鑫近十年营销一线的实战经验，也采用了大量的鲜活案例，其中不乏一针见血地指出问题所在，更直击创意营销的本质，干脆利落而又接地气。系统性理论+“枪林弹雨”的实践，对实效营销进行了极有意义的探索。

（美）约翰•霍普金斯大学商学院访问学者、股权投资人　袁铨

秦鑫是我十年的好兄弟，严格说是从最初服务合作的甲乙双方变成了并肩战斗的搭档伙伴。我最欣赏秦鑫的是他的勤奋和敬业。凌晨两三点钟还能收到他的工作邮件，委托交办的工作他总是能认真并圆满地完

成。我亲眼见证，秦鑫今天的成就是靠自己“以荣誉为导向”的勤勉态度和“以身作则”的行事风格收获的必然结果。他的新书《营销内核》用大量真实鲜活的案例给读者还原场景、浸润智慧，让人直呼过瘾、爱不释手。套用电影《流浪地球》的“硬核科幻”来类比，秦鑫呈现给大家的才是真正的“硬核创意”。

双语专业财经主持人　张会亭

认识秦鑫兄弟，已经是 7 年前的事了。这 7 年中国发生了很多变化，我们都发生了很多改变。秦鑫也不例外，发生了很多转变，但保持不变的是他孜孜不倦的事业追求、认真负责的工作态度、洞察秋毫的深度思考和达己助人的高尚情怀，用北京话来说就是：他一直很靠谱。从书的目录上看，我就知道这是他的风格：于细微处见真知，于繁杂中梳道理，于乱象中看逻辑，于案例上讲学问。不空谈，做实事，他从来都如此！愿此书给更多人带来帮助。

职场畅销小说《逆路》作者　武超

发现问题

近几年，我无数次听到身边的朋友感慨：甲方市场营销越来越难做，预算越来越少，要求越来越高，事情越来越多。

针对这些问题，我也多次跟做甲方的朋友探讨，得到的却是另一种反馈：市场竞争越来越激烈，大家都开始在营销上发力，钱没少花，但得到的效果却远远不及当年在报纸上刊登一期广告所产生的作用。

乙方抱怨越来越累，甲方纳闷效果去哪儿了。于是，就出现了各种甲方“苛待”乙方、乙方“折磨”甲方的对战。

有人笑侃：过去的消费者钱多、单纯，现在市场上聪明的人太多了，所以，营销越来越难了。

现在的营销，真的越来越难做了吗？

不是营销变难了，而是互联网经历了高速发展，很多人和企业从中尝到了红利的甜头，商人、明星、企业家等纷纷走到台前，利用公开演讲、路演、沙龙、电视节目、自媒体等方式进行自我宣传和形象管理；还有无数的“草根”及“推手”每天混迹于微博、短视频、直播等网站（或App），采用各种方式的包装、推广来吸引眼球。在营销的世界里，人人都想吸引眼球，并想告诉他人：你所见到的一定是最棒的。这也使人们变得浮躁，大家都急功近利，寄希望于通过短时间的包装推广来迅速打响品牌知名度，几天时间就能创造销量神话，一口就能吃成个胖子。可怕的是，这种浮躁心理在很多企业的管理高层、分公司经理、市场部主管、业务员身上都存在。

互联网改变了人们的生活方式，重构了人们以往固有的触媒习惯和接收信息的途径。曾经很多人都说互联网是一个免费的营销阵地，也有人把“互联网 +”当成市场营销的“金手指”，因而营销方式花样百出：传统营销、互联网营销、智能营销……一方面，随着时代的变化和技术的不断革新，市场营销的方式也随之迭代，让人应接不暇；另一方面，在营销日渐进入常态化和白热化的今天，网络上从来不缺营销话题，也不缺各类营销手段，企业的投入越来越多，效果却越来越差。现在的营销环境看似百花齐放，实则过度追求“短平快”，致使产品的寿命越来越短，营销的长尾效应消失。甲方、乙方、媒体方纷纷陷入焦虑的状态。

为此，本书第一章“社会化营销还有多少红利可图”从宏观大环境、技术迭代、营销变迁等角度阐述时代浪潮中甲方、乙方、媒体方在营销中的得失与成败，进而分析各方矛盾与焦虑的根源。营销是一门综合学科，营销人员绝对不是单向地输出或堆砌资源，职业属性需要营销人员不断地换位思考。只有全面予以了解，找到根源，发现问题所在，才能对症下药。而这也恰恰是很多人容易忽略的，往往甲方站在甲方的角度，乙方站在乙方的角度，媒体方站在媒体方的角度，营销人员站在营销人员的角度，纵然大家都使上“九牛二虎之力”，结果却难如人意。

正视问题

这个社会本身就像是一场营销盛会！不论是企业、产品的推广，还是个人影响力的传播，本质上都是一场营销盛宴。于是“营销”这两个字也总被人打上各种各样的标签，但这绝不是营销的全部要义。

没有营销，市场就会丧失明确的目标，进而无的放矢；没有市场，企业则很难释放、传递自身产品的价值，销售也因此举步维艰。因此，就市场营销而言，无论是甲方、乙方还是媒体方，首先应该正视问题，要左手市场、右手营销，两手一起抓，真正回归营销的本质。因为不管在哪个时代，营销方式如何推陈出新，技术再怎么变化，营销的本质不会变，营销人员始终需要洞察和理解用户的需求。营销人员的工作就是基于营销的诉求找到与用户需求结合的点。

企业不应该相信单单借助互联网就能创造神话和奇迹。在一片繁华和浮躁中，企业更应该沉下心去思考，要认真调查自己的消费者在哪里，明白消费者的需求点在哪里，清楚自己产品的核心卖点通过什么渠道传播出去最合适，明确自己的品牌内涵在营销推广中怎么体现最贴切。互联网可以改变的是思维、方法和工具，不能改变的是核心服务、产品和价值。企业应该把眼光放长远一点，不要盲目地跟风，要明白自己真正需要的才是最重要的。

所以，要做好营销，首先要精雕细琢地打磨好每个环节，要注重用户的营销体验，而不是粗鲁地推销。

本书第二章“营销人员常走进的几大‘误区’”剖析了甲方、乙方、媒体方等大部分营销人员容易陷入的几大误区，其中很多误区恰恰是互联网红利时代的“成功经验”。互联网是一个飞速发展的行业，快速更新迭代的科技驱动下的互联网节奏，使过往的成功经验也迅速过时。如果营销人员再固守这些经验，乃至躺在过去的功劳簿上， 就会偏离营销的路并渐行渐远。

现在的营销不再以单一的渠道为王、创意为王、内容为王，而是以系统运营为王，企业必须把营销视为一个系统的工程。

而这些，是我在这个行业经历过甲方、做过乙方，同时在媒体方浸染过，累积十余年才真正体会到并得以灵活运用的经验。很多时候，甲方需求的背后有其更深刻的痛点，甲方绝对不是只出钱的“甩手掌柜”；乙方也不是凭酷炫、“高大上”的创意走过场的角色；媒体方也不再是以前所谓的360度整合的媒介。营销一定要抓住其本质，明确最终目标，经由甲乙双方联动，找到媒体方能触达的最精准的受众，看透一个圈子，形成裂变，如此才能称之为品效合一的实效营销。

解决问题

发现问题不是本事，解决问题才显能力。所以，请在前行之路上每时每刻保持着解决问题的动力。

在这本书的各章中，我将从以下几个方面与大家展开交流探讨：

（1）如何让营销更有效；

（2）如何让营销更有趣；

（3）如何让营销更有保障；

（4）如何在未来的营销中不被淘汰。

冰冻三尺非一日之寒。经验会过时，但是方法的逻辑和思维方式不会过时。本书的最后一章作为福利，赠送给读者一些“营销宝典”，愿每一位读者在营销生涯中没有难做的“营销”。

秦　鑫

Contents

第一章

社会化营销还有多少红利可图

第二章

营销人员常走进的几大“误区”

第三章

如何让营销更有效

第四章

如何让营销更有趣

第五章

如何让营销更有保障

第六章

如何在未来营销中不被淘汰

第七章

营销新人的基本生存法则

后记

第一章

社会化营销还有多少红利可图

随着时代的变化，市场营销的方式也不断迭代，从传统营销到互联网营销，再到智能营销。于是，有人认为营销越来越难做，也有人把“互联网”当成市场营销的“金手指”。真的是这样吗？事实并非如此！

本节导读

市场升级后企业如何制定营销策略

粗放型营销失效，品牌重要性日益凸显

精细化营销如何做到“1+1>2”

曾经的“巨头”为何连续 4 年亏损

某食品饮料集团销售业绩显示，2014—2017 年，该集团的销量已经连续 4 年出现下滑，2017 年该集团全年销售额 400 多亿元，跌回 2009 年的销量水平，相较于 2013 年的 783 亿元，销售额几乎下降了 50%。早在 2010 年，该集团负责人就放出豪言，要达到 1 000 亿元的销售目标，可该集团近几年的销售额一直呈直线下跌的趋势，离这个目标也越来越远。

市场升级后企业如何制定营销策略

该食品饮料集团销售额大幅度下滑的原因是什么呢？

“它真的太土了！”
“喝它，会被同学笑话的！”
“喝它会让人觉得没品位、没格调。”
…………

在对消费者的调查中发现，“太土”“没品位”成了消费者对该品牌最深刻的印象。

该集团的情况反映了互联网时代传统企业普遍面临的一个问题：单一渠道红利的时代已经过去了，消费者需求主导的时代来临了。

在该集团的辉煌时代，传统营销沿着“产品—经销商—终端—消费者”的路径占领大量渠道，可当下的营销路径已经调整为“消费者—产品—经销商—终端”，消费者需求主导了营销工作，洞悉和把握消费者的需求成为做好营销的前提。

该集团实力雄厚，但连续 4 年亏损。为什么它不及时掉头转型呢？

粗放型营销失效，品牌重要性日益凸显

管理学领域有一个词叫“螃蟹效应”，它来源于现实生活中的一种现象：竹篓中只放一只螃蟹时，必须要盖上盖子，否则，它会爬出来；竹篓中多放几只螃蟹后，就不必再盖上盖子了，这时螃蟹是爬不出来的，因为篓口很窄，当一只螃蟹爬到篓口时，其余的螃蟹就会用威猛的大钳子抓住它，直至把它拖下来，再由另一只强大的螃蟹踩着它向上爬。如此循环往复，没有一只螃蟹能够成功爬出竹篓。

“螃蟹效应”的主要特点是组织成员目光短浅，只关注个人利益，而忽视团队利益；只顾眼前利益，而忽视长久利益；陷于内斗，进而使整个组织逐渐丧失前进的动力，由此，便会出现“1+1<2”的结果。

在传统营销模式下，市场部和品牌部就是“1+1<2”的互相扯后腿的关系。

市场部认为品牌部只会花钱，不干正事；而品牌部觉得市场部空有劳力，不讲策略。在实际工作中，品牌总监运筹帷幄，精心制定了市场推广计划，到执行的时候，销售人员则抱怨市场推广活动不接地气，难以实施，效果有限。品牌部认为市场部不配合，市场部则指责品牌部瞎

指挥，互相争吵，难以解决矛盾。

很多企业为了息事宁人，就大力打压品牌部，毕竟市场部拿回来的是“真金白银”，品牌部嘴里的品牌效果却有些虚无缥缈。慢慢地，市场部成了老大，带领整个企业销售商品，品牌部则成了小弟，只干些打杂的事情。在这种模式下，客户需求、市场动态，企业完全听不见、看不到，销售业绩能不下滑吗？！

精细化营销如何做到“1+1>2”

过去的营销是粗放的，占领一个营销渠道后不看效果，直接看业绩；而现在，渠道呈碎片化形态，营销方式正从流量聚合型朝精细化运营转化，企业必须明白当下商业的核心是用户和服务，一切都是围绕用户而建立的，品牌部的重要性日益凸显。市场部手握渠道资源，最贴近一线市场和用户需求；而品牌部了解市场需求、行业趋势和产品走向，能统观品牌全局。只有二者结合起来，营销才能发挥最大的效用。在工作中，企业可以从以下 4 个方面着手。

第一，品牌部要用互联网思维连接市场部。

互联网时代，产品即内容，用户即媒介，品牌即人格，数据即价值。品牌部要用互联网思维武装自己，以此主导营销工作的运转，不是仅仅配合市场部做促销、为品牌投放广告，而是要让产品与消费者连接起来，这才是互联网连接一切的本质。

第二，市场部和品牌部共同确定协作方式并坚决执行。

老大和小弟这样的协作模式是不利于企业长久发展的，市场部和品牌部应该是平等的关系，企业应该避免任何一方出现被使唤、没有决定权的局面。在双方协作中，品牌部可以和市场部一起制定推广计划，然后市场部按照计划执行，执行过程中市场若有变动，双方应一同协商解决。

第三，在利润分配上，市场部和品牌部要平等。

在很多企业中，市场部可以拿着 KPI（关键绩效指标）理直气壮地去申请奖金，而品牌部只能拿着固定的工资，要想让品牌部真正实现对市场部的支持，进而提升销售业绩和利润，品牌部也应当获得奖励，在利润分配方案设计上，企业要把品牌部的占比考虑进去。

第四，品牌是市场部和品牌部的最佳结合点。

成功的品牌对市场部而言，是价格之外的一个竞争优势；对于品牌部而言，如何实现企业的品牌效应是自己工作的一个重点。二者的利益结合点能很好地体现在品牌推广上，然而现实中，品牌部与市场部的纠纷一直存在，以致造成严重的内耗。

本节导读

“浮躁”时代下的营销焦虑

社会环境“贩卖”的焦虑

品牌主的焦虑

媒体的焦虑

媒体人的焦虑

从业者的焦虑

营销不是变难了，只是变复杂了

营销的救命稻草为何成了“毒药”

“浮躁”时代下的营销焦虑

现在的营销，真的越来越难做了吗？

很多人无比怀念20年前的盛况，一句“今年过节不收礼，收礼只收脑白金”就能拿下12亿元的年销售额；很多人无比怀念10年前，在淘宝网上开个店，花300元做个直通车，两个员工一年就能做到几百万元的销售额。而现在呢？近几年来，有几个营销案例能在你的头脑中留下深刻印象？有哪个营销创意能让你被“惊艳”到尖叫？几乎没有！几乎没有人再跟着广告里的老头老太太跳转圈舞，也几乎没有人收藏了一个淘宝店就不离不弃。

有人笑侃：过去的消费者钱多、单纯，现在市场上聪明的人太多了，所以，营销越来越难做了。于是，很多实体店关门大吉，很多淘宝店悄悄消失，企业倒闭、破产，企业家“跑路”的信息也多了起来。

不久前，一个朋友想花100多万元去买

一套一炮而红的营销咨询方案，问我值不值。

我反过来问他："为什么想要花大价钱买个方案呢？"

他说："用户注意力分散，企业越来越难以吸引其注意力，媒介渠道效果越来越差，流量越来越贵，花了很多钱还是看不到推广效果，换了代言人也没用，没招了。"

我能感觉到朋友的急迫与困窘，他觉得现在的营销太难了，已经无计可施了，看到一根"稻草"就想抓住，也不管这是救命稻草，还是"要命的毒药"。

最后，我告诉他："你以这种心态做营销，花多少钱，取什么真经，都没用。"

这位朋友犯了一个很多人常犯的错误，那就是浮躁。

社会环境"贩卖"的焦虑

随着科技发展、互联网思维普及，以及国家经济转型，自"互联网+"的指导思想被提出之后，不乏一批顶着创业者头衔的"脱口秀表演者""成功学贩卖者"披着互联网思维的外衣，打着"互联网+"的旗号到处演讲。可怕的是，各种花哨噱头也真吸引了一批批粉丝盲目追随或模仿。

品牌主的焦虑

早期的企业，尤其是早期接触互联网、率先尝试社会化媒体营销的企业，在尝到甜头后，更多地挖掘各种有噱头的话题去推广，出现了各种形式与手段的营销，然而，现在这些方法好像没有那么好的效果了。

媒体的焦虑

以前拥有舆论发声权和导向引导作用的媒体，现如今也在不断地改变形态，把最前沿的信息和表达方式呈现给用户，结果自己还没赚到钱，却眼看着一批批人通过自己辛苦搭建的平台去赚钱，你说他们心里能好受吗？我曾说过："媒体本身具备一定的技术创新能力，在战术上掌握好平台，结合平台本身的数据去寻求如何把消息呈现给用户，媒体在自己的平台上为用户提供了很多服务，资源的调用和执行相对也更快。"这些是其他企业不具备的，于是我们发现，一些以新闻形式发布出来的"新闻"，其实质却是企业的公关软文——营销无孔不入，已经到了不看到最后很难发现其是否是纯粹的新闻的境地了。

媒体人的焦虑

越来越多的媒体人、自媒体人转型到乙方公司做公关或自行创业，而资本市场对于这类转型人才都异常的青睐。现在去咖啡厅，随便都能听到周围人在谈创业、谈投资融资，再仔细听听你会发现，每个人都对自己的项目特别有信心，期望能一夜大红大紫，登上人生巅峰。这些人想的都是推广和营销，还美其名曰"营销先行"。不得不承认，营销尤其是网络营销，真的可以缔造出神话（媒体人＋资本＋推广＝网络神话），但更多的是，各种"营销先行"的创业者在该思维下打造出来的产品，从诞生到死亡也就是弹指间，不禁让人叹息。

从业者的焦虑

运营、营销、公关等类型的企业，以及从这些企业出来创业的骨干，有着强大的理论思想和丰富的实战经验，深谙媒体规则，熟悉网友的心理，善于在网上搜寻各种可以营销的机会。结果，人们看到：雾霾来了，企业的公关和文案人员忙碌起来，开始借势"刷屏"；沙尘暴来了，企业的公关和文案人员又忙碌起来，开始借势刷屏；"五一"到了，各类新闻平台准备文案，忙着借势。无论是传统佳节还是国外节日，不管品牌与节日搭还是不搭，节日通通都是营销的节点。互联网是个飞速发展的行业，在这种背景下，企业间拼的是速度和执行力。

他们常用的营销套路就是拼文案、海报、游戏，玩法虽老套，却能引发众多企业的狂欢，至于是真的狂欢还是虚假繁荣，不言自明。很难想象，当借势营销成为一种常态，各种“营销”各显神通，各种媒体围绕一个事件发出各种不同版本的信息，将会导致一个什么样的结果。

营销不是变难了，只是变复杂了

都说互联网是一个免费的营销阵地，但每天都产生大量类似的报道和信息，这样的传播还有什么价值？呈现给真正有需求的用户的又将是什么信息呢？当所有人都在追热点、所有品牌都在做热点时，其实用户已经麻木了。

浮躁的互联网大环境催生了一批急功近利的企业，它们特别青睐于通过短时间的推广包装迅速打响品牌知名度，希望用几天时间就能创造销量神话，一口就能吃成一个胖子。这种浮躁心理很可能在很多企业的管理高层、分公司经理、市场部主管、业务员身上都存在，主要表现为以下几个方面。

第一，中了高速增长的“毒”，目标定得脱离实际，跳起来也够不着，打击了整个企业的积极性。

第二，唯利是图，以赚钱为目的，没有道德底线。过分追求市场轰动效应，寄希望于点石成金的策划、点子，为了一炮打响，甚至不惜用恶俗的策划。

第三，目光短浅，重视单项指标，追求短期的数据增长，不重视长远的发展。

第四，依赖于价格战和促销战，导致市场非常脆弱，销售业绩不稳定，波动大。

在这个时代，强大的平台能让营销人员用100元的红包获得上万的流量；清晰的后台数据能让营销人员准确捕捉到用户信息，如用户的位置、用户的偏好，这在过去是想都不敢想的。营销不是变难了，只是变复杂了，它需要营销人员精雕细琢地打磨每个环节，需要营销人员更加注重用户的体验，而不是粗鲁地推销。少点浮躁，多用点心，才能做好当下的营销。

从小米案例洞悉“互联网 +”的营销之道

2010 年，一家小创业公司拿着 3 000 万元做手机，2011 年其销售额为 5 亿元；2012 年，其销售额达到 126 亿元；2013 年，其销售额达到了 316 亿元，在一片“红海”的手机市场中，小米作为后起之秀做到了市场占有率第一，把苹果（Apple）、三星（SAMSUNG）两个国际“巨头”甩在了后头。2013 年，小米创造了一个商界的成长神话，也就是这一年，“互联网 +”受到了社会各界的关注。

雷军认为，“互联网 +”的核心是口碑，而赢得口碑靠的是专注，即集中力量做一款产品，专注地在该产品上下足功夫，把产品做成让用户“尖叫”的极致产品。除此之外，互联网思维还追求简约和快。简约主义的设计，让用户能更便捷地使用产品；同时，企业要用最快的速度革新自己，创造更多的价值。互联网思维概括起来就是 9 个字：口碑、专注、极致、简约、快。

在“互联网 +”热浪中，一个毫无餐饮行业经验的人开了一家餐馆，开业前“烧”掉 1 000 万元做了半年封测，其间邀请明星、“达人”、“微博”“大 V”们免费试吃。餐馆只有 12 道菜，店主花了 500 万元买断“食神”的配方；每双筷子都是定制的、全新的，吃完饭还可以带回家；店主每天花大量时间倾听对菜品和服务不满的声音。这家网红餐馆开业后，用了两个月时间做到了所在商场餐厅平效（每平方米的销售额）第一名，吸引了 6 000 万元的风险投资，市场估值达 4 亿元。这就是网络营销的魅力。

这个阶段，很多传统企业慌了，上述餐馆的玩法他们看不太明白，“自己要被时代淘汰了吗？”“我们要用互联网思维武装自己”“要在企业内引入互联网思维”，惴惴不安的传统企业家们掀起了全面学习互联网思维的热潮。一时间，很多传统企业忙手忙脚地做起了“互联网 +”：社群、微博、微信、App、电子商务、O2O……不管行不行，有没有效果，先做起来才是“紧跟潮流”“不落伍”。

在网络小说和网络游戏中，主角大多有自己的“金手指”，这个“金手指”能帮助他们扫清各种障碍，让他们无所不能，霸气碾压各路“虾兵蟹将”。很多企业把互联网思维当成了这种“金手指”，它们认为，只要拥有了这个思维，濒临破产的企业可以起死回生，小企业可以迅速做大做强，大企业可以在行业中迅速占有一席之地。

可是虚拟世界里的“金手指”到了现实世界中真的有用吗？

某制香企业的产品以空气卫生香为主，企业经过 30 多年的发展，企业规模和市场占有率都做到了行业第一。互联网大潮越炒越热，企业总经理坐不住了：“咱们得跟上潮流，不能落伍了。”于是，他投入了 1 000 万元用于互联网营销，包括传统互联网营销，如按点击次数付费的广告（Cost Per Click，CPC）、按每一千人观看计价的广告（Cost Per Mille，CPM）、按产品实际销量付费的广告（Cost Per Sales，CPS）、按实际投放效果计价的广告（Cost Per Action，CPA）、搜索引擎营销（Search Engine Marketing，SEM）、软文广告等，还有移动互联网营销，如微博、微信公众平台、独立 App 等。1 000 万元挣到手可能不容易，花起来却很容易，不到半年，这 1 000 万元就花完了，效果却平平，企业关注度和影响力都没能提升。

原因何在呢？原来用香的目标群体年龄比较大，平均 50 岁以上，这部分人群并没有形成线上购买香类用品的习惯，所以，不管是传统互联网营销还是移动互联网营销，再多的投入，都如同泡沫。很不幸，这家企业恰好遇到了百年一遇的“大熊市”，加之企业在资本市场又损失了一大笔钱，雪上加霜，原本生机勃勃的企业因此面临着生存危机。

2016 年，小米手机遭遇滑铁卢，市场排名跌出前五。雷军分析，小米的最大失误在于只专注线上，而错过了县、乡市场的线下换机潮。要知道，电商只占商品零售总额的一部分，到今天为止，很多人买东西还是在线下市场，也就是说，就算线上市场 100% 都是你的，你也只有一部分市场。雷军痛定思痛，得出一个结论：**“互联网思维是源自互联网精神的思维，但不是只有互联网才适用，它的本质是透明和高效。互联网是 0，实业是 1，如果实业立不住，再好的互联网思维也没有用。”**

著名作家村上春树在他的作品《海边的卡夫卡》中说过这样一句话：“但凡事物必有顺序。”看得太超前了不行，因为看得太超前，势必忽视脚下，人往往会因此而跌倒；可只看脚下也不行，因为不知道你会撞上什么。所以，要在适度往前看的同时，按部就班处理好眼下事务，如此，企业才能走得稳当。

对于互联网，传统企业应该积极拥抱，但是要注意理性对待，互联网的确能带来颠覆性的创新，但是，互联网并不是万能的，它也有不能颠覆的事物，如图 1-1 所示。

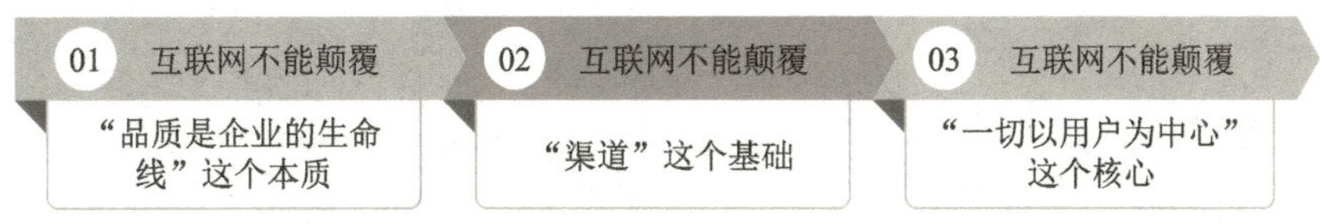

图 1-1　互联网不能颠覆的事物

第一，互联网不能颠覆“品质是企业的生命线”这个本质。传统企业首先要保证的事情是把产品品质控制好，没有好产品做保障，再前沿的理念也是空中楼阁。

第二，互联网不能颠覆“渠道”这个基础。渠道连接了企业与消费者，是营销工作的必经之路，这是商业的本质，是变化背后的不变。小米之前的失误就在于对线下渠道的忽视。

第三，互联网不能颠覆“一切以用户为中心”这个核心。无论时代怎么变化，营销战略的目标都不是打败竞争品，而是让更多用户对品牌忠诚。只有做到一切以用户为中心，其他才能顺势而为。

企业不应该认为单凭互联网就能创造神话、奇迹。在一片繁华和浮躁中，企业更应该沉下心去思考，要认真调查自己的消费者在哪里，明白消费者的需求点在哪里，清楚自己产品的核心卖点通过什么渠道传播出去最合适，明确自己的品牌内涵在营销推广中怎样体现最贴切。互联网可以改变的是思维、方法和工具，不能改变的是核心的服务、产品和价值，企业应该把眼光放长远一点，不要盲目跟风。

本节导读

乔·吉拉德奇迹背后的真相

擅于营销的小米为什么被 OPPO 和 vivo 超越了

“小兔学小猫钓鱼”的营销启示

企业投入越来越多，为何效果却越来越差

以前的广告营销中一个好的创意就能搞定一切，让人觉得神乎其神，这样的营销让很多人羡慕不已；可在现今的营销时代，靠一个创意走天下已经越来越不可能了。

网络中从来不缺话题，也不缺各类营销手段。在营销日渐进入常态化和白热化的今天，企业投入越来越多，效果却越来越差，以至于很多企业大有“营销至死”的趋势。这种局面是如何形成的呢？

现在的营销环境看似百花齐放，实则有一些是喧嚣浮华的跟风，过度追求短平快，致使产品的寿命越来越短，营销的长尾效应消失。营销人员要明白：**现在的营销不再以单一的渠道为王、以创意为王、以内容为王，而是以系统运营为王，企业必须把营销视为一个系统的工程。**

企业要想做好营销，就必须让企业上下所有人员都明白一个道理：营销工作是一个有机

整体，产品、市场、广告公司、渠道、一线销售人员，环环相扣，缺一不可。

乔·吉拉德奇迹背后的真相

说起乔·吉拉德，很多人都知道，他是世界上汽车卖得最多的推销员，创下了吉尼斯纪录，被称为“世界第一销售员”。可是，乔·吉拉德卖的是什么汽车呢？对此很多人选择性地忽略了，然而，这是最不应该忽略的，因为乔·吉拉德当年卖的通用汽车无论是品牌、品质还是售后，都是同行业中数一数二的。伟大的企业生产出了伟大的产品，伟大的产品催生了乔·吉拉德式的伟大的销售员，这才是奇迹的真相。

把一个低劣的产品卖成畅销产品，那不是营销，那叫欺诈。营销的基础是好产品，有了好产品支撑，有时候营销的功能可以弱化。比如，在乔布斯担任苹果公司 CEO 时，苹果手机火遍全球，每当有新品推出时，世界各地的消费者都会连夜排起长队，争相购买。

擅于营销的小米为什么被 OPPO 和 vivo 超越了

2015 年，小米手机出货量为 7 000 万台，拿下了全国第一。次年，OPPO 和 vivo 将其超越，年末销量排名时，OPPO 名列第一，vivo 第三，小米降至全国第五。2017 年，国内市场智能手机销量排名依次是：华为，市场份额达 20.2%；OPPO，市场份额为 18.8%；vivo，市场份额为 17.0%；小米，市场份额为 13.0%；苹果，市场份额为 8.2%；三星，市场份额为 3.0%。赛诺《2018 年上半年中国手机销量报告》显示：OPPO，销售 3 813 万部，市场份额排名第一；vivo，销售 3 551 万部，市场份额排名第二；苹果，销售 3 211 万部，市场份额排名第三；华为，销售 3 057 万部，市场份额排名第四；小米，销售 2 670 万部，市场份额排名第六，具体数据见表 1-1。

表 1-1　2018 年上半年中国手机销量报告

排名	品牌	总销量 / 万台
1	OPPO	3 813
2	vivo	3 551
3	苹果	3 211
4	华为	3 057
5	荣耀	2 839
6	小米	2 670
7	魅族	698
8	三星	384
9	金立	373

超越小米，销量位居前列，OPPO 和 vivo 是如何做到的呢？

第一，从渠道上看，小米自从品牌诞生起，就以线上预售抢购为主；OPPO 和 vivo 则选择下沉到三、四线城市以及乡镇，以线下销售为主，避开了其他品牌的夹击。

第二，从人群定位上看，小米为手机爱好者而生，它的粉丝追求低价买高性能；而 OPPO 和 vivo 面向以拍照和聊天为主的用户，这些用户对性价比没有那么高的要求。

第三，从产品打磨上看，小米使用的处理器芯片走高性价比路线，保证性能强大；而 OPPO 和 vivo 的产品迭代关注女性消费心理，在外观和拍照技术上不断进阶。

第四，从销售排名上看，小米发售新机通常采取饥饿营销，根源在于它的代工模式；而 OPPO 和 vivo 走的是自建工厂模式，有足够的备货量，可满足消费者当下消费的需求。

可以说，OPPO 和 vivo 的销量超越小米的销量，不单单是因为 OPPO 和 vivo 瞄准三、四线城市靠渠道制胜，还因为 OPPO 和 vivo 抢占了消费降级的大趋势。在媒体宣传“消费升级已经成为主流”的同时，市场似乎在唱着反调：与 OPPO 和 vivo 线下“遍地开花”遥相呼应的是，新兴互联网平台拼多多和趣头条在线上刮起了“台风”。一方面，三、四线城市正成为消费主力，另一方面，女性消费意识觉醒，她们放弃了偏商务的苹果手机，更喜欢拍照更美的 OPPO 和 vivo 手机。

随着科技的发展、人们认知的提升，营销行业也越来越规范，营销正在回归本质。左手市场，右手营销，再度归位主流。作为新时代的营销从业者，营销人员日常的营销工作被切割为两个类型。

第一类是价值攫取型，这种类型的营销方式是买到更好的广告位，争取最大的营销预算，谈出更好的渠道价格，找到更合适的代言人等。营销人员的工作重点在于协调资源、控制预算、高效沟通。

第二类是价值创造型。这种类型的营销方式是探索并研究消费者真正的需求，明确产品的定位和策略，找到更易引起消费者共鸣的推广主题，最大化地提升消费者的购买体验等。营销人员的工作重点在于为消费者创造全新的价值。

很显然，营销人员口中的“难”主要体现在第一种工作类型上，实际上是这种方式已经不适应时代的发展了，已经处于被淘汰的境地了。当营销人员知道营销难的时候，营销人员要做的不是花钱去买所谓的宝典或秘籍，而是实实在在地审视整个系统能不能正常运转起来。

“小兔学小猫钓鱼”的营销启示

有这样一个故事：小兔学着小猫去河边钓鱼，但总也钓不到，小猫告诉它，钓鱼的时候要找到鱼多的池塘，要保持一动不动的姿势，要在鱼钩上挂上好吃的鱼饵。小兔按照小猫说的去做，呆坐了半天，仍然一条鱼也没钓上来。小猫很好奇，过来帮小兔找原因，最后它发现，小兔一直在用自己最喜欢的食物——胡萝卜当鱼饵。

故事中的小兔很愚蠢，可现实生活中，很多企业在犯着同小兔一样的错误：自以为拿出了自己最好的东西，就能换来自己想要的东西。它们觉得拿出更多的营销费用就能换来品牌影响力，拿出最好的销售团队就能换来市场影响力，努力拼搏就能换来销售业绩，却不知道很可能自己拿出来的这些东西并不是消费者真正需要的。

营销没有捷径，它不是简单的物与物的置换。要想做好营销，营销人员就需要认认真真地挖掘卖点，深入地做市场调研和数据分析，认真经营营销的每个环节，这才是正道！

本节导读

脱离企业运营的营销推广等于“无源之水”

企业营销中常犯的几大错误

从“凡客体”思考：产品为上，营销为先

脱离企业运营的营销推广等于“无源之水”

还记得“凡客体”吗？

2010年，在竞争激烈的电商领域，凡客诚品异军突起，表现抢眼。原因是凡客请了明星做代言人，并以明星的口吻推出了一段很有意思的宣传语，宣传语是这样的：“爱网络，爱自由，爱晚起，爱夜间大排档，爱赛车，也爱59元的帆布鞋，我不是什么旗手，不是谁的代言，我是××，我只代表我自己。我和你一样，我是凡客。”自此之后，“爱____爱____爱____爱____爱____也爱____我不是____不是____我是____”的凡客体开始风靡网络。据不完全统计，截至2010年8月5日，已经有2 000多张“凡客体”图片在微博、开心网、QQ群以及各大论坛中被转载。不少网友出于兴趣，不少企业出于宣传也制作了各种“凡客体”。

随着在网络上的影响力越来越大，凡客诚品在名利上获得了大丰收。2010年4月，凡客诚品荣获中国服装协会“中国服装品牌年度创新大奖”；2010年11月，凡客诚品荣获清科2010年度中国最具投资价值50强第一名；2010年12月，“凡客体”获DCCI互联网数据中心2010年度金营销大奖。凡客诚品在短时间内集聚了众多粉丝，成为年轻人首选的平民品牌。

可是，这样的营销成功吗？

2011年，凡客前三季度的亏损额为7亿元，销售费用占营业收入的52%，其中市场费用占28%。之后，针对凡客出现的越来越多的质疑声音，基本上已经可以和当时的好评旗鼓相当了，凡客诚品的影响力开始断崖式下跌。凡客诚品一直努力想从亏损回到盈利，可是各种尝试都没有成功。到现在，再说起凡客诚品，很多人都是一脸茫然：它是卖衣服的，还是卖食品的？

凡客诚品的案例告诉创业者一个道理：基于新媒体环境下的创业者，在制定企业营销策略的时候，要能更长远地考虑企业的长期运营。在创业初期，创业者需要借助新媒体来宣传造势，但是绝对不要把整个企业的运营都寄托在这个方面，任何脱离企业运营的营销，都是无源之水。

单纯“自嗨”式的营销并不是为了品牌传播，而是为了传播而传播、为了营销而营销，这种营销没有任何意义。

营销的根本目标应该是实效。什么是实效？它不是企业做营销后赚了多少钱，而是在投资做广告前制定的目标是否达成。比如某企业的饮品要告诉消费者的是“我们的饮料具有补脑功效”，一整套广告营销做完后，销量上涨，但消费者的反馈是“饮品是酸的，可以消食健胃去油腻”，那么此次广告的实效性为“0”，至于其带来的销量，则是无稽之谈。

实效是营销的标准，是否达成目的才是重中之重。营销是否成功主要看是否有效传递了信息，是否形成了良好的口碑、是否最大化覆盖受众以及是否激发目标受众主动传播。如很多人都会在调侃某些事情的时候说：

“你吃炫迈了吧？怎么根本停不下来啊？”这就是以上几个目标都达成的经典广告案例！

企业营销中常犯的几大错误

对企业来说，不同阶段有不同的需求：刚起步的中小型企业需要的是销量，一般来说，它们做的营销都是销售为先，要的是短期销售业绩；大型企业一般既要销售业绩，又要提高品牌的知名度，需要二者兼得，这就需要一个完善的营销体系去支撑。不管企业的规模如何，几乎所有的企业家都会追求实效营销，谁也不愿意花钱仅仅给受众看个热闹，但是在营销过程中，不少企业会走偏。从我接触过的企业家来看，他们最常犯的错误主要有以下几个，如图 1-2 如示。

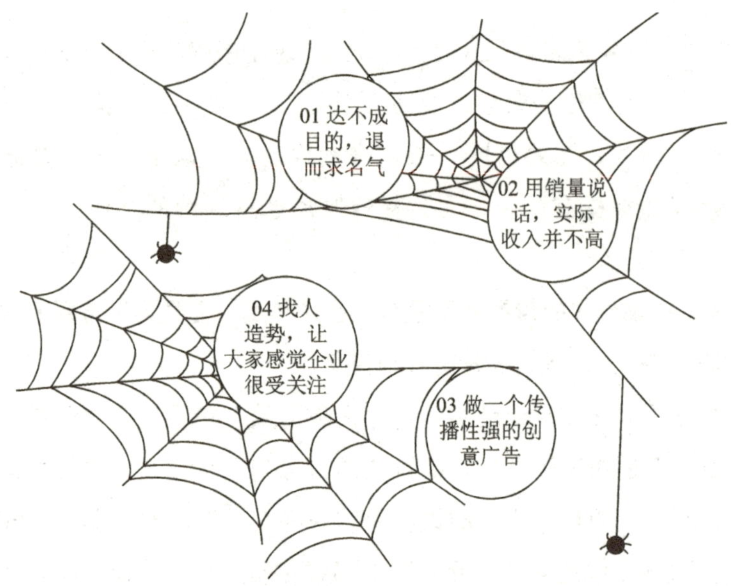

图 1-2　企业家在营销中常犯的几大错误

1. 达不成目的，退而求名气

有人认为，“花钱买人气和名气，名气够了销售额就上去了”。实则不然，销售额上不去，说明受众根本不理解和认同你的产品，只知其名而不知其用，名气再大也会很快被遗忘 。

2. 用销量说话，实际收入并不高

让消费者知道产品的作用后再买产品才有益于品牌营销，否则就是饮鸩止渴。

2018 年是天猫“双 11”持续的第 10 个年头。天猫“双 11”作为近年来覆盖面积最广的现象级营销品类，每一年都在刷新着交易额的纪录，2018 年的交易额更是首次突破了 2 000 亿元大关。2 分 5 秒破 100 亿元，1 小时 47 分破 1 000 亿元，“双 11”当天 24：00 截止，最终成交额高达 2 135 亿元。在“双 11”日渐平常化的当下，商家已然看到数字增长的疲软。为了调动消费者的积极性，商家纷纷采用了复杂的促销规则，利用大部分消费者的数学盲区赢得了一时的“销量”，于是在“红色 11·11”的背后有了“黑色 11·12”。2018 年 11 月 12 日，淘宝、天猫退货 / 退款入口崩溃。不少消费者选择在发货前退款的现象，进一步反映了营销人员在追求销量之路上的迷失。

在我过往的观察中，不乏大品牌企业家反映，尽管成交额名列前茅，但事实上存在亏损现象。营销是一个综合指标，成交额反映的只是单一层面。在消费升级的时代，升级的不只是产品的品质，更升级了消费者对体验的追求。**数字总有瓶颈，品牌升级却永无止境，品牌只有通过产品体验、购物体验、收货体验让消费者“买点儿好的”，才能位列电商平台争夺战场的“C 位”，如此才能让有情的营销战胜无情的、冷冰冰的数据。**

3. 做一个传播性强的创意广告

不可否认，创意型广告的传播性很强，如“金坷垃”“八心八箭”“雪碧高中奖率搞笑视频”“麦当劳优惠券恶搞广告”等，但关键在于可信度，只有在大品牌背景的支持下才可以这样做，要不然就成了“大忽悠”。后两条广告经人们口口相传，最终达到了目的。前两条广告的传播效果比后两条广告的传播效果要好，目前网民还在口口相传，但是这两个广

告除了给人们留下茶余饭后的闲聊话题以外，其他什么都没有留下，这是因为传播点与产品卖点的关联度不够。

4. 找人造势，让大家感觉企业很受关注

以前网络媒体会雇用他人大量点赞、刷好评、转发，活动现场雇用忠实消费者刷人气等。这样的方法在信息闭塞的时代还有用，但如今人人都是自媒体，若弄巧成拙，没有取得预期的效果不说，恐怕还要做危机公关。另外值得一提的是，微博、微信中的抽奖等类似活动断不可取，费力不讨好，只是给专业抽奖人提供了一次赚钱的机会而已。

现在不少营销过于关注创新或模式，淹没了营销的实效性。有些营销人员陷入各种虚幻的泡沫，试图把噱头做足做精致，这完全是本末倒置的做法，因为他们忽略了营销的本质——把产品做到极致。

“社会化”营销不是“社会人”营销

随着网络的普及以及社会公众对网络的使用越来越频繁，网络对社会的舆论导向、对公共事件的评价产生的影响力越来越大，已经成为消费者对某一品牌或商品的第一印象的来源，而且这一印象传播迅速。因此，网络日益成为企业日常营销活动的主阵地。

2013年，微信开始出现五花八门的营销。打着微信营销幌子的各路“专家”一时间如雨后春笋般涌现。其模式跟当年的微博营销的模式如出一辙，各路“专家”打头阵，齐声呐喊：“微信营销来了，你再不用微信就Out（落伍）了！”然后，微信营销登场了。

在微信刚推出没几个月的时候，一个注册不到3个月的公司竟敢鼓吹3个月盈利1 600万元，信誓旦旦地声称“2013年将通过微信盈利100亿元”。现在再去看那个公司，它早已经销声匿迹。

可以说，每崛起一个网络平台，就有不

少人打着各种各样的幌子滥竽充数。不过，随着网络信息的日益透明化，“凡走过必留下痕迹”，靠投机忽悠越来越难以存活了。

记得我刚入行的时候，一位前辈对我说过一句话：“从事网络营销行业，你必须沉下来，甘于做幕后，千万别跳到前端，否则你就离事业结束不远了。”对比如今网络营销的野蛮形态，回头想想，前辈的这句话愈加可信。

从业多年，我发现自己越来越喜欢站在甲方的角度去思考，越是深入了解甲方，越能体会到创业真的没那么容易。我有一个朋友是做车载数码产品的，其公司主打的明星产品可跻身全国前五，但每件产品的利润只有 10 元左右。这位朋友本身是做市场的，深知品牌的重要性，所以每年即使流动资金“吃紧”，也会拨出一部分资金做营销。每次给他做咨询时，我都会谨慎地做调研，确保最终给出的营销方案能够达到四两拨千斤，成本低、效果好的目标。当然，长期以来，我们的合作非常愉快。

“社会化”营销该如何做？关键在于“营销”，而不是“社会”。社会化营销需要的是实效。

所以，请各广告公司、营销公司少点忽悠，多点诚意；少点水分，多点干货；少点花样，多点实在！无论什么时候都不要忘了：营销需要实效！

本节导读

红利消失的资本市场

营销与被营销的“局中局”

靠营销噱头博眼球的资本红利消失

红利消失的资本市场

近几年，实业难做，创业者都在说缺钱。而现实的另一面是近年来风险投资（venture capital，VC）大热，投资者大有赶超创业者之势。不知道从什么时候起，大家的朋友圈里也逐渐多了一些“有的是钱，就是花不出去”的朋友。他们虽然不是特别有名，但从他们的朋友圈来看，他们经常出入各种名流会所，不是在开会就是在去开会的路上，时不时发几句“现在的项目真难找，花钱也是个头疼的事”“上午又了解了几个创业项目，我还给其中几个创业者提了好多意见”之类的牢骚。

这曾一度让我诚惶诚恐——一不小心结识了这么多千万富豪，差不多的年纪，自己还只是一个艰难的创业者，为着蝇头小利三更起五更睡地打拼着，内心不禁泛起一阵自卑。

后来，机缘巧合，我慢慢地接触到 VC，

并结识了一些圈内人士。通过深入交流，走到事件背后我才发现，平常看见、听见的不一定是真的。

其实天使投资人早已不再是之前大家内心所想的那种“高大上”的身份了，他们早已褪去所谓的神秘，而演变成一种职业、一种工作岗位、一个谋生的工具，与营销策划其实没有什么差别。

营销与被营销的“局中局”

天使投资人不一定有钱，有钱的人不一定是天使投资人。营销人员在与其他企业合作时，大多时候也只涉及甲方，少数时候涉及三方合作中的丙方。但是在天使投资圈里，关系有时候甚至复杂到很多方，而大多所谓的天使投资人，基本都是丁方之外的角色。天使投资人大致有以下几类。

第一类：挂靠在某投资机构或者基金名下的外围天使投资人。这类人其实跟早期售房的业务员没什么区别，他们靠着介绍项目的数量来获取收入。

第二类：中介类天使投资人。这类人身边或许有些有钱的朋友，他们拿着这些朋友的闲钱，摇身一变成为天使投资人，向急于求成的创业者们兜售自己的人际关系。

第三类：平台类天使投资人。这类人擅于抓住互联网的潮流趋势，通过搭建一个网络平台，运用当下流行的众筹、分销模式来募集资金。他们有一套完美的话术，让人对其实力和平台的影响力深信不疑，从而心甘情愿地让平台做背书，拿着平台的背书去筹集资金（筹集资金的模式无非就是拉拢自己的亲朋好友等），而平台则抽取所筹集资金的一定比例作为佣金或管理费用。

第四类：中小企业扶持的天使投资人。这类天使投资人一般名头都很响亮，比如 ×× 机构下属单位、×× 基金合作单位、×× 商会发起者……他们专门针对各种类型的创业公司，为之提供各种便利扶持。比如你一次性交纳一定的费用后，他们就帮你完善各类报表、流程、规章制度等，然后进行公示，之后你就可以挂牌公开募集资金、发行债券。

第五类：圈子性质的天使投资人。他们利用各类培训与俱乐部等，常年组织各种类型的专场活动，偶尔也会邀请投资界专业人士来捧场。但这些人到场是去做贵宾的还是做天使投资人的，不得而知。

第六类：真正的投资机构或天使投资人。这类人愿意与你交流，给予专业的意见，一旦对你的团队认可，他们会时刻保持关注，告知你的团队存在的不足，对未来的发展给出指引和帮助。一旦遇到这样的投资机构或天使投资人，唯有感恩和好好珍惜。

大多数天使投资人和众多怀揣梦想的创业者一样，也只是在创业，不同的是他们把自己的梦想构筑在他人的梦想之上。他们深谙创业者的心理，成功，就是投资人；失败，也是天使投资人。

一方急着获得天使投资人的垂青，以便更好地营销，因为不管任何时候、任何行业，资本永远是媒体热衷报道的；一方急着获得真实的项目，以便把自己是天使投资人和投资人的身份做实，二者不谋而合。

总之，有些人太急于求成了。我们需要认准一个事实：真正的上市公司都不是靠“吹牛”上市的，真正优质的投资人不是靠忽悠投准好公司，好公司和好 VC 都一样。无论企业营销如何缺钱，都不要病急乱投医。如果你找到的天使投资人迟迟没有拨款，你就要警觉起来：是不是掉入了对方设下的陷阱？

第二章

营销人员常走进的几大“误区”

低价成为营销的撒手锏，营销不再聚焦于需求，曾经长盛不衰的“4P”营销理论面临土崩瓦解的局面。于是企业开始向销售人员要业绩，企业中的营销泛滥成灾，销售部和市场部开始各种大战……这一切皆源于传统营销作为一种交易营销模式，强调的是将尽可能多的产品和服务提供给尽可能多的顾客。

本节导读

没有盈利能力的烧钱项目价值几何

谁来买单

用户追求品质还是廉价

误区一：万能的价格战

先定义一下，本书所说的低价，是指低于市场价格和违背行业规律的价格，这也是现在很多互联网创业公司所推崇的营销撒手锏，不泛指物美价廉、具备与其同等价值的市场流通商品。

企业为了推广，用户喜欢实惠，这原本是一件无可非议的事情。几年前，快的和滴滴的“补贴”之战，直接把低价甚至是免费的营销方式推向了顶峰，各大企业纷纷效仿，视之为营销第一宝典，由此也催生出了各种奇怪的互联网创业项目。可问题是很多人真把自己当成了资本“大鳄”，以为背后有“商业帝国”在为自己撑腰。

没有盈利能力的“烧钱”项目价值几何

2016 年 12 月，某企业 CEO 发文爆出自己作为控股 60% 的创始人，在患病就医的 20 天内被投资人“踢出局”。2017 年 5 月 4 日，该 CEO 又发表文章，称投资人抛弃“烂摊子”，自己着手借钱回归。该CEO的哭诉深得网友同情。终于，投资人代表忍不住回话了，控诉该CEO自我营销、挪用企业资金、为自己发巨额奖金等。两人最终对簿公堂。

这场创业者和投资人的“分手大戏”，根本原因在于其产品——某款App不赚钱！公开资料显示，该企业曾获得来自红杉资本领投的A轮2 000万元融资，B轮1 500万美元的融资由上文投资人代表领投。投资人代表在控诉文中指出，在不到一年半的时间里，包括CEO在内的几十个人花光了投资人5 000万元左右的现金投资，结果呢？“这家企业唯一的资产就是这款App，除此之外什么都没有。每个月花300万元做市场推广，连续花了大半年，日活跃用户量（Dailg Active User，DAU）最高峰只有8万。一旦停了广告费，到交接时只有2万多DAU。”

某共享单车企业也像上述企业一样走到了尾声。

在共享单车最火爆的时期，满街摆放着五颜六色的单车，在共享经济的“风口”中，该企业无疑是共享单车企业中的“前排玩家”。无论是巅峰期的200亿元估值，还是率先进入海外市场创下史上最快的中国互联网企业出海纪录，都是该企业闪耀的时刻。

如今，该企业不得不面对用户的大规模退押金和创始人的限制消费令。这个曾经高流量的明星公司从此负债累累。回顾该企业的历程，它在两年多的时间内“烧掉”100多亿元，除了留下满街残损的单车，还有人们对于“烧钱玩法”的思考。

对于共享单车而言，低技术门槛、依靠资本主导以及无明确的盈利模式是使其最终一步步走向灭亡的主要原因。没有盈利手段的企业，如何找到属于自己的生存之道？依靠资本补贴维持生存的最终结果只能是弹尽粮绝。就单车而言，骑行是人们出行的一种选择，但并非必然选择。而随着时间的推进，车辆磨损需要回收维护，用户增多需要投放新车，越来越多的问题单车让用户体验打折，用户黏性无法保持。

该企业前期依靠大量的融资吸引用户，扩大市场份额，但后续的发展出了问题，无盈利模式的企业终究需要面对填补资金漏洞的问题。当市场竞争和车辆损耗没有资本进行支撑时，终究会形成恶性循环。

项目没有盈利能力，企业“拼命烧钱”，却总是感叹缺钱，这就是现在很多“互联网思维”的新项目惯用的模式。产品或平台本身没有盈利前景，投再多的钱在营销上也没有意义。

谁来买单

没有传统的行业，只有传统的人和思维。未来不是互联网改变行业，而是全行业的互联网化。

有这么一个故事：一个小孩拿起石头，打碎了一家商店窗户的玻璃。做错了事的孩子跑掉了，商店店主自认倒霉，拿出一笔钱去买玻璃重新安装；玻璃店有了生意，赚到了一笔小钱，玻璃店店主用这笔钱去面包店买了面包；于是面包店又有活儿干了，面包店店主去农民那里买了几斤面粉……因为碎了一块玻璃，带动了社会上许多行业的发展，甚至创造了就业机会。

这个故事看似合乎逻辑，但是建立在一个假设的基础上——商店店主原本不打算花费安装玻璃的钱。如果这是他打算进货的本钱，那么买了玻璃就没钱进货，他的供货商就失去了收入，他背后的产业链岂不是就断了？商业世界是现实的，不存在童话般的幻想。有人空手套白狼，就肯定有人要吃亏。

商场中的企业是需要盈利的，“没人愿意干赔本的买卖”，这一切最终都是要算入成本的，最终都是由目标用户来承担的。玩来玩去，终究会发现原来我们只是感受了一把“皇帝的新装”，所谓免费或者低价，只不过是一种成本的转嫁，最终羊毛还是出在羊身上。

用户追求品质还是廉价

苹果公司用不到全球智能手机市场 20% 的出货量，拿走了整个市场 70% 的利润。

可见，产品才是商业模式的核心。用户在选择一个产品的时候，价格固然很重要，但产品的品质是否足够好、是否能够激起用户购买的欲望才是关键因素。如果企业不了解用户的使用需求，进而做出用户没那么喜欢的产品，即使前期依靠低价能获取大量关注，后期也很难凝聚自己的忠实用户，“低价”这一营销方式显然不是企业经营的长久之计。毕竟，大多数人更希望自己过得有品质，而非廉价。

“互联网 +”改变的是行业资源整合的方式，即上下游资源的整合与优化。企业要获取用户，需要运用互联网工具更好地进行信息梳理和管理，创造新的资源，而不是重复制造和生产已过剩的产品、消耗稀缺资源的产品。“互联网 +”创业的核心在于资源优化配置，“免费”只是一个噱头而已。

本节导读

从“经营产品”到“经营用户”

为用户找到合适的产品，而不是向用户推产品

4 点轻松赢得更多用户

误区二：只会“卖米”，不懂生意

持续不断地超越竞争对手，让用户的需求聚焦于自己的产品，让用户只对自己忠诚，这是企业在市场竞争中的最佳状态。

现实中，很多企业家经常说“我的产品没有市场、没有需求”，而实际情况是市场有无限空间，需求没有止境，只不过企业没能从竞争对手手里抢过市场“蛋糕”，没能抓住用户的需求。所以，让用户的需求聚焦于自己的产品，才是解决问题的根本办法。

瑞幸咖啡于 2018 年 1 月开始线下试运营，不到一年时间，已经获得全国 22 个城市 2 000 多家门店的成绩。要知道，同行业的星巴克经历了 13 年才达到如此规模。此外，瑞幸咖啡还收获了 1 200 万的用户和超过 8 500 万杯咖啡的销量。正是基于如此傲人的成绩，瑞幸咖啡在 B 轮融资中获得了同一批投资人的 2 亿美元融资。据悉，融资后其估值达到 22 亿美元。

但是，瑞幸咖啡 B 轮融资商业计划书显示，瑞幸咖啡 9 个月收入仅 3.75 亿元，净亏损达到 8.57 亿元。

瑞幸咖啡最初的定位是中国的高品质商业咖啡，在咖啡豆原料的选择标准上高于星巴克的标准，产品价格却较星巴克低一个档次。同时，瑞幸咖啡采取新零售的模式，通过快速建立门店覆盖网络，配合大额补贴和社交裂变的方式吸引用户，迅速积累了大量用户。

瑞幸咖啡采取的大规模补贴的获客模式也是“烧钱玩法”。前期的目标同样以积累用户为主，通过提高产品本身的质量、提供销售优惠等方式吸引大量用户，其中原材料采购、大规模门店落地以及补贴政策的实施需要大量的资金投入。

与某共享单车企业不同的是，餐饮行业的盈利空间显然更大，存在更多的可能性。尤其对于咖啡产品而言，其本身就是高毛利的产品，雀巢的毛利率高达 80%，星巴克的毛利率也保持在 50% 左右。此外，中国的咖啡消费市场正在逐年扩大，从用户角度出发，瑞幸咖啡提供的咖啡服务相比星巴克的咖啡服务性价比更高。

相较于共享单车企业之间的竞争，瑞幸咖啡除了要思考来自星巴克的压力之外，还必须考虑如何面对像“连咖啡”之类的市场挑战者的竞争。伴随着资本进入而带来的快速扩张，瑞幸咖啡最早的一批用户已经开始吐槽：“或许瑞幸咖啡的营销真的很成功，但是口感一直不稳定。”

瑞幸咖啡当前的所有“烧钱玩法”终究都需要切实有效的营销策略进行替代。资本只是品牌用来快速打开市场的工具，要想最终立足，还是要依靠品牌本身的口碑和服务。一旦结束前期阶段，瑞幸咖啡就必须考虑之后的商业策略，包括如何调整销售政策、如何继续维持用户黏性、如何管理数千家门店以及最重要的如何盈利等问题，毕竟资本是在投资，不是在做慈善。

从“经营产品”到“经营用户”

1933 年，16 岁的王永庆开了一家小小的米店，那时当地已经有了近

30 家米店，竞争非常激烈。当时仅有 200 元创业资金的王永庆，只能在一个偏僻的巷子里承租一个很小的铺面。他的米店开办最晚，规模最小，更谈不上知名度，没有任何优势。这生意是不是就没法做了呢？

当时大米的加工技术比较落后，出售的大米里混杂着米糠、沙粒、小石子等，买卖双方对此都是见怪不怪。王永庆则多了一个心眼，每次卖米前都把米中的杂物拣干净，这一额外的服务深受顾客欢迎。

那时候，顾客都是上门买米，自己搬运回家。这对于年轻人来说不算什么，但对一些上了年纪的人而言，就是一个极大的不便之处了。王永庆注意到这一细节后，主动为顾客送米上门。这一方便顾客的服务措施同样大受欢迎。为了维持平日的信用，无论刮风下雨，只要有人要米，他都会送米上门。

他给顾客送米时，并非送到就完成了，他会帮顾客把米倒进米缸里。如果米缸里还有米，他就把旧米倒出来，将米缸刷干净，然后再把新米倒进去，将旧米放在上层，这样米就不至于因陈放过久而变质。他这个小小的举动令不少顾客深受感动，于是顾客专买他的米。

每次给新顾客送米，王永庆都要打听这个家庭有多少人吃饭，每人饭量如何，据此估计这个家庭下次买米的大概时间，并将之记在本子上。到时候，不等顾客上门，他就主动将米送过去。那时，多数家庭没有闲钱，王永庆主动送米上门，如果马上收钱，碰上顾客没钱的情况，会弄得双方都很尴尬，因此，每次送米时王永庆并不急于收钱。他把所有顾客按其发薪日期分门别类登记在册，等顾客领了薪水，再去收米款，每次都十分顺利，从无拖欠现象。

靠着这份围绕顾客需求的用心，王永庆的卖米生意越做越大，成功地为未来的事业积攒了第一桶金，到最后，创下了亿万资产。

超越价格战的思维不在“冰山”上面，而在“冰山”下面。营销的基础是为顾客提供价值，帮助顾客解决问题，减少顾客的时间成本、精力成本、体力成本、风险成本、机会成本等，这都是在为顾客创造价值。

为用户找到合适的产品，而不是向用户推产品

面对互联网新经济，传统企业必须实现从“经营产品”到“经营用户”的思维转变。企业角色也要随之发生根本性的转变，即从企业创造价值、用户消费价值逐渐向用户创造价值、企业消费价值转变。

营销不是为产品找到合适的用户，而是为用户找到合适的产品。它需要解决 3 个问题，如图 2-1 所示。

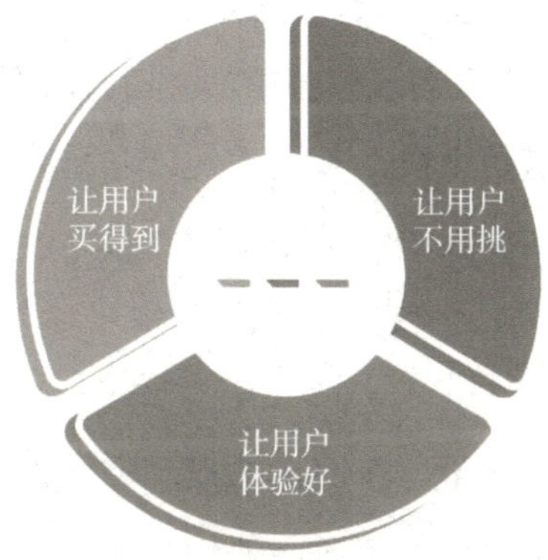

图 2-1　营销需要解决的 3 个问题

一是让用户买得到。产品的市场覆盖率要达到一定的程度，让用户想买的时候就能轻易买到，而不需要付出太多的时间成本。

二是让用户不用挑。企业及产品要有一定的品牌影响力，要让用户有清晰的认知，可以做到指名购买，避免用户产生左挑右选的烦恼。

三是让用户体验好。用户买的产品，只有体验好，才会形成好的口碑，企业及产品在市场中才会有自己的立足之地。

4 点轻松赢得更多用户

用户需求，就像大海里的鱼，一网撒下去，鱼凭什么钻到网里来？营销人员最常犯的错误，是认为满足用户的需求就是用户要什么就给用户提供什么，可是有时候用户都不知道自己想要什么，应怎么提供？真

正地抓住用户需求，需要营销人员善于观察细节，在用户还没意识到的时候就能发现用户的真正需求，并将用户的需求变成自己的服务项目，让用户满意进而忠诚，这样才能赢得更多的用户。

在实际工作中，营销人员要做到以下 4 点，如图 2-2 所示。

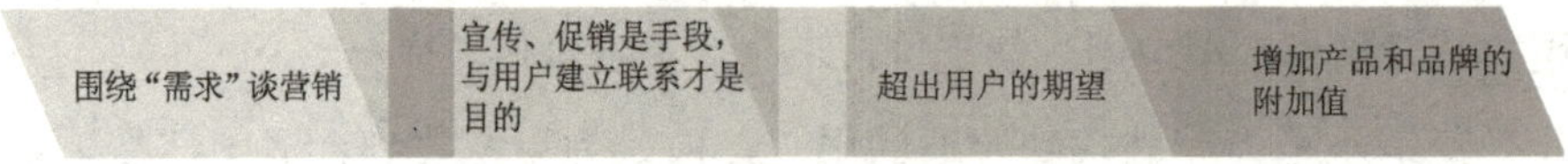

围绕“需求”谈营销	宣传、促销是手段，与用户建立联系才是目的	超出用户的期望	增加产品和品牌的附加值

图 2-2　4 点轻松赢得更多用户

第一，围绕“需求”谈营销。不管是发现需求、引导需求还是创造需求，都是围绕需求在思考。离开需求谈营销，一切付出都是无果的。

第二，宣传、促销是手段，与用户建立联系才是目的。很多人对营销推广的认识就是宣传、促销，却不明白宣传、促销不是为了人气，不是为了销量，而是为了与用户进行沟通，让用户对产品进行体验和感知，这才是最重要的。

第三，超出用户的期望。海底捞的成功经验告诉我们，当企业提供的产品、服务超出了用户的期望时，他们会变成公司品牌和产品最好的传播者。超出用户期望的好处是非常明显的：能赢得用户的忠诚，轻松超越竞争对手，增强企业的识别度。

第四，增加产品和品牌的附加值。用户满意不代表忠诚，用户没有选择余地的时候才是最忠诚的。要想让用户没有选择余地，企业就要始终比竞争对手好。王永庆将米中杂物拣干净、送货上门等就是他能提供的附加值，这让他把竞争对手甩在了后面。

误区三：天价思维

在过去的半个多世纪里，“4P”营销理论长盛不衰。自从1967年知名营销人菲利普·科特勒首次在其著作《营销管理：分析、计划、执行和控制》中提出“4P”营销理论以来，该理论便长期引领营销学的理论研究和市场实践。然而，一个不争的事实是：渠道（place）慢慢成为独立的第三方力量，越来越不可控；市场日趋成熟，暴利再难持续，价格（price）的竞争力越来越弱；因为新媒体的出现，传统媒体的传播（promotion）模式几乎全面失效。至此，“4P”只剩下产品（product）可控了。当“4P”营销理论土崩瓦解时，产品为王的时代已经回归。

企业要发展，最终要得到用户的认可，就必须让营销回到产品本质，要关注用户对产品的使用体验和服务体验。

雷军无疑看到了这一点，他说：“我听说也看到某手机品牌一年投放20亿元广告费后，我就在想，为什么不把这20亿元还给用户呢？

当满大街打一个广告，把两三百元的手机卖到两三千元的时候，那是不会有好口碑的，在社交化媒体如此发达的今天，还有什么东西比口碑更重要呢？”而要赢得用户的口碑，关键就是提供让用户“尖叫”的产品，雷军说：“提供能让用户‘尖叫’的产品，这是小米的立身之本，是小米一切商业模式、产品策略、营销方法成立的前提。”

高尔夫球手泰戈·伍兹说：“我从来都不想挣多少钱，我只需要成为高尔夫领域数一数二的高手，那时钱一定是追着我来的。”他告诉大家，所谓利润就是完成了一个经营使命后自然而然的回报，利润不是企业经营的主产品，它是副产品。

亚马逊创始人杰夫·贝佐斯说过：“零售商分两种，一种是想方设法多赚钱，一种是想方设法为顾客省钱。我们属于第二种。”亚马逊打折商品占到总商品的56%，而沃尔玛的这个比例才17%，高性价比的产品是亚马逊的导流武器和“圈粉”武器。

有一次，海底捞上海店一个名叫张耀兰的服务员注意到一位顾客把鹌鹑蛋上面的萝卜丝夹到碗里吃。她据此推断该顾客一定很喜欢吃萝卜，于是让上菜房准备了一盘萝卜丝，又去调料台给萝卜丝放上了几味调料。当她把拌好的萝卜丝端到桌上时，顾客很惊讶，也非常高兴。最后顾客的儿子要了一碗米饭，把萝卜丝盘子里的汤拌到饭里吃了，还说这是他吃过的最香的饭。接下来一个月，这一家连续来了3次，还把其他朋友介绍过来。

海底捞的顾客就是这样一桌一桌地吸引来的。

在餐饮界，海底捞以服务而闻名，这种服务贯穿于顾客进门、等待、就餐、离开的整个过程。在海底捞等待就餐时，顾客可以免费吃水果、喝饮料，免费擦皮鞋，免费美甲，等待超过半小时餐费还可以打9折。待顾客点餐时，服务员会细心地给长发的女士递上皮筋和发夹，戴眼镜的顾客则会得到擦镜布。开始用餐后，每隔15分钟就会有服务员主动更换顾客面前的热毛巾；如果带了孩子，服务员还会帮顾客给孩子喂饭，陪他们在儿童区玩游戏。餐后，服务员会马上为顾客送上口香糖，所有服务员都会向顾客微笑道别。如果某位顾客特别喜欢店内的免费食物，服务员也会单独打包一份让其带走。

所有这些都成了年轻人在互联网上讨论的话题，很多人乐此不疲地把在海底捞的就餐经历和感受发布到网上，这吸引了越来越多的人到海底捞体验。

金杯银杯不如老百姓的口碑。当企业提供的产品、服务能带给用户出乎意料的良好体验时，他们不仅能更好地“黏住”用户，还能将用户变成企业品牌和产品最好的传播者。

海底捞成功的经验告诉营销人员，如果能将产品或服务做到极致，做成“精品”，它就能自带营销属性，完成自我推广、自我推销。那么，怎样才叫“把产品或服务做到极致”呢？营销人员可以从以下几个层面来检验。

第一，产品或服务能够满足目标用户在某时间段内、某个场景下产生的诉求。

第二，产品、服务或内容必须是用户感兴趣的，如内容足够优质、价格更低、服务更好、性价比更高等。

第三，产品或服务能带给用户极致的使用体验，比如，使用起来更便利，感官体验更好，使用过程更稳定，等等。

知名管理学家彼得·德鲁克说：“那些仅仅把眼光盯在利润上的企业总有一天会没有利润可赚。”**营销工作与其向外盯着利润，不如向内盯着产品。产品好了，利润自然就水到渠成了。**

本节导读

认清营销与销售的区别

营销五步：为销售造势

误区四：销量不佳，销售人员不行

很多企业将销售业绩上不去的原因归结为销售人员不给力，这让销售人员有苦说不出。

战略学家魏斯曼说："问题的解决，往往不在问题发生的层面，而在与其相邻的更高层面。"也就是说，销售问题的解决往往不在销售这个层面，而在与销售相邻的更高的层面——经营上。

认清营销与销售的区别

现在，可以设想一个场景：一个团队在卖诺基亚手机，另一个团队在卖苹果手机，两个团队竞争。很显然，前者无论如何努力工作，都很难超越后者，这就说明在顶层设计面前，销售团队的重要性是非常弱的。

《孙子兵法》有言："故善战者，求之于势，不责于人，故能择人而任势。任势者，其战人也，如转木石。木石之性，安则静，危则动，方则止，圆则行。故善战人之势，如转圆石于千仞之山者，势也。”

这段话的意思是，善于指挥打仗的人会追求形成有利的“势”，他们不会苛求士兵，而是选择人才去适应和利用已形成的“势”。这些善于创造有利之“势”的将领，指挥部队作战就像转动木头和石头。木头和石头的特点是处于平坦地势上就静止不动，处于陡峭的斜坡上就滚动，方形容易静止，圆形容易滚动。善于指挥打仗的人所造就的“势”，就像让圆石从极高极陡的山上滚下来一样，来势凶猛。

“势”在这里指的就是“形势比人强，求势不求人”。因此，销售业绩上不去，企业总经理把错误全部归究到销售人员的身上是不对的，总经理还应检讨一下自身给销售人员造了什么“势”出来，销售是在什么“势”的基础上进行的，考虑清楚了这点，销售工作就简单了。

营销与销售的区别是什么呢？有专家曾做过这样一个比喻：销售是射杀一只站着不动的鸭子，若没射准，鸭子有可能就飞了；营销是在地上撒谷子，把鸭子引过来，再用胶水把鸭掌粘住。也就是说，销售是射杀静态个体目标，而营销是培养动态整体氛围，营销看到的不止一个顾客，而是整个市场的顾客，营销的视角更高。

营销五步：为销售造势

具体工作中，营销人员可以从哪些方面入手，为销售造势呢？图 2-3 所示为销售造势的营销 5 步。

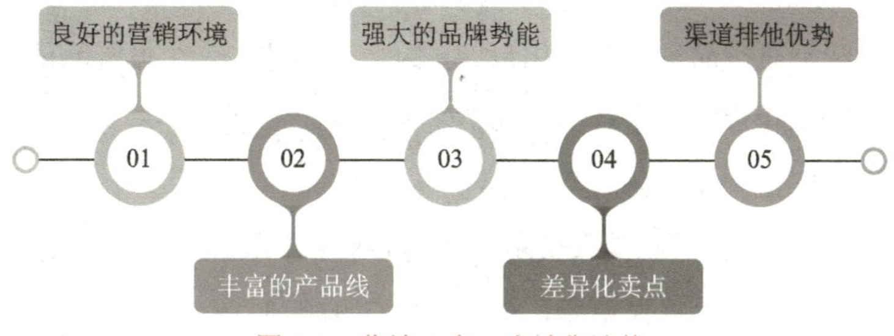

图 2-3　营销 5 步：为销售造势

第一，良好的营销环境。

强有力的宣传能助力企业销售，营销人员可以在企业宣传时，突出企业精神、企业效益及发展前景等，从而提高企业知名度，树立良好的外部形象，创造良好的营销环境。

第二，丰富的产品线。

企业通过丰富产品线，为顾客提供多种选择，能有效促成销售。对企业来讲，不同的产品应该有不同的分工，有的负责流量，有的负责销量，有的是利润来源，有的是份额担当，这样的产品线上的不同产品能够相互促进、相互补充。

第三，强大的品牌势能。

顾客对好产品的信任，会延伸到对一个企业其他产品的集体信任，这种集体信任就是品牌的起源，正因为如此，品牌最早跟企业名称是一样的，只是在品牌成为一种专业理论后，才出现了企业名称、品牌与产品名称分离的现象。

品牌的魔力就在于营销人员能依靠它独有的价值体系，慢慢将其渗透到顾客心中，同时赢得市场。人们信任品牌，就像信任一个朋友，是全然的信任和依赖。比如市面上可乐品类有很多，可是大多数人会选择百事可乐或可口可乐，这就是品牌势能的体现，它能缩短消费过程，让消费冲动瞬间化。

第四，差异化卖点。

单从产品的性能看，许多企业的产品同质化严重，营销人员如何让顾客认同呢？对产品进行差异化包装，给产品塑造一个个性鲜明的卖点，赋予产品生命和价值，这样的产品最容易被人们接受。

第五，渠道排他优势。

得渠道者得天下。营销人员可以利用企业自身资源，进行“修路建桥”，逐步拓展渠道，进而扩大市场，成就企业的销售业绩。

“故善战者，求之于势，不责于人”，是强调销售的“势”。但是如果有销售人员据此就认为自己的销售工作做不好是因为自己的领导没有提供好的“势”，而自己不需要为业绩承担任何责任的话，那就有失偏颇了。因为还有一句话叫“君子求诸己，小人求诸人”，销售人员也应该多从自身找问题，看看自己所在环节的“营”和“销”是否都做到极致了，自己做不好的事情换别人来做是不是会有很大的改观。

本节导读

营销应该是三方的

抵御营销威胁，提升营销竞争力

误区五：眼里只有客户

过去，人们认为钱在消费者口袋里，其实，在饱和的市场环境中，钱应该是在对手的口袋里。

营销应该是三方的

有些人认为，营销打造的是一个甜蜜的二人世界，在这个世界里：我卖你买，你情我愿；我了解你的想法、满足你的需求，你奉上你的钱，双方维持一段长期而稳定的关系。然而，无数事实告诉大家，三角形才是世界上最稳定的存在。**营销应该形成一个三方关系，除了企业及其目标消费者外，还有竞争对手。**

营销的根本目的是赢得消费者的忠诚，可消费者只要有选择的余地，就很难忠诚，这时候营销的努力方向就变得很简单了——持续不断地超越竞争对手，始终比对手好，让消费者没有更好的选择，然后，消费者不得不选择你的产品，这时候，消费者才是最忠诚的。

正如定位论创造者杰克•特劳特所说：“市场营销的本质不是为客户服务，而是战胜竞争对手。”

抵御营销威胁，提升营销竞争力

每天当太阳升起的时候，非洲大草原上的动物们就开始了一天的奔跑。如果狮子跑不过跑得最慢的羚羊，就会被活活饿死。如果羚羊跑不过跑得最快的狮子，就会被吃掉。商场上的竞争激烈程度远胜于非洲大草原上的竞争。

2010 年 8 月，阿里巴巴推出了小额外贸批发及零售平台——全球速卖通。全球速卖通平台提供的服务与 eBay 以及敦煌网等提供的服务无本质差别，只在卖家准入、收费方式、交易流程上有细微差别——这曾经是敦煌网的领域。敦煌网是一家整合在线交易和供应链服务的 B2B（Business-to-Business，公司对公司业务）电子商务网站，主要是帮助海外中小买家在中国找到货源。敦煌网的盈利模式不是向国内卖家收取会员费，而是让买卖双方免费注册使用网站，并在交易完成后向海外买家收费。显而易见，全球速卖通成长起来后，敦煌网的日子就艰难了。

根据资源依赖学派代表人物杰伊•B. 巴尼对核心资源的判别标准，营销竞争力应满足 4 个方面的要求，如图 2-4 所示。

第一，有价值。营销竞争力必须通过开发和利用营销机会，抵御营销威胁，增加企业价值。

第二，稀缺性。营销竞争力必须是全部或绝大多数竞争企业不具备的营销资源或技能。

第三，不可模仿性。企业的核心营销竞争力必须是竞争企业难以模仿的，否则，其稀缺性自然也就不具备了，竞争优势也会相应丧失。

第四，不可替代性。营销竞争力作为核心能力必须没有战略上的等同物，因为核心营销能力上的等同物会被竞争对手利用，并抵消本企业由某一核心营销能力建立起来的竞争优势。

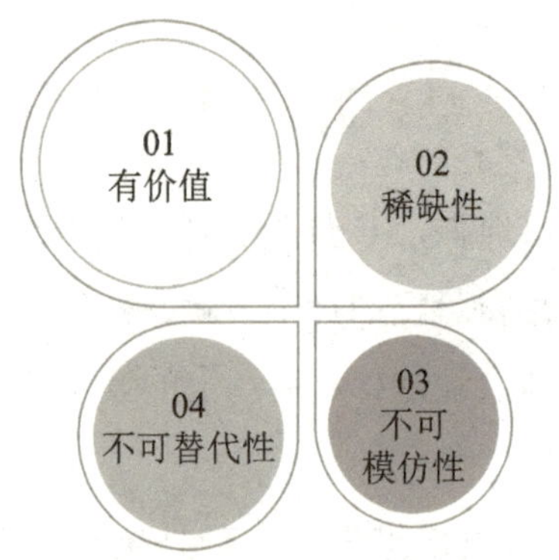

图 2-4　营销竞争力四大要求

对于企业来说，营销竞争力应该如何实现呢？其实现步骤如图 2-5 所示。

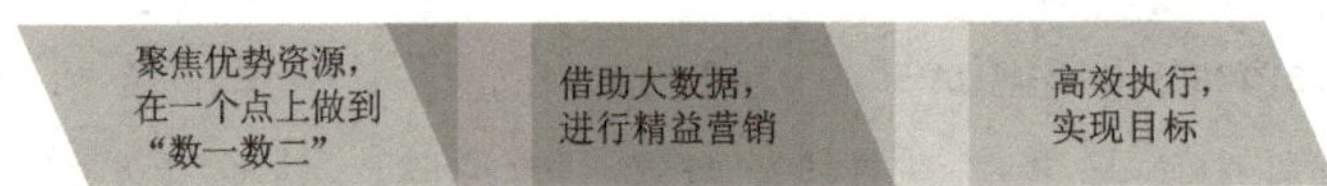

图 2-5　营销竞争力的实现步骤

第一，聚焦优势资源，在一个点上做到“数一数二”。

通用电气公司（GE）的前 CEO 杰克・韦尔奇说：“当你是市场中的第四或第五的时候，老大打一个喷嚏，你就会染上肺炎。当你是老大的时候，你就能掌握自己的命运，你后面的公司在困难时期将不得不兼并重组。”

按照杰克・韦尔奇的理念，在竞争激烈的全球市场中，只有领先对手才能立于不败之地。在企业资源有限的条件下，企业要想做到数一数二，就需要实施聚焦策略，把有限的资源聚集到一个关键点上，寻求单点突破，把单点市场做深做透，把品牌做大做强，在积累了更多的优势资源后，就能以根据地为中心逐步进行市场扩张。

第二，借助大数据，进行精益营销。

与竞争对手拼费用、拼时间、拼运气，这种竞争，杀敌一千自损八百，是最不可取的。企业要想建立起稳固且长期系统化的竞争优势，需要做的是牢牢把握产业价值链中的核心消费者、核心终端、核心区域，对营销过程中价值实现和价值增值的关键环节进行“精益”管理。

精，意味着管理要达到精细、深入、准确、到位的状态；益，代表效率与效益，是企业追求的目标。如果只有“精”而没有“益”的概念，就好比低头拉车不看方向，这正是许多企业推行精细化管理所面临的问题——为精细化而精细化。企业在消费者价值单薄的市场上进行精细化营销，在没有价值的市场区域中盲目与竞争对手“贴身肉搏”，使精细化管理失去方向，从而导致营销效益低下，投入产出失衡。目前，大数据技术的成熟使精益营销得以实现，企业可以以数据为支撑，依据市场规划进行科学的资源投入与配置，保证营销效益。

第三，高效执行，实现目标。

伯恩在《执行力》一书中这样写道：“满街的咖啡店，唯有星巴克一枝独秀；同是做 PC，唯有戴尔独占鳌头；都是做超市，唯有沃尔玛雄踞零售业榜首，而造成这些不同的原因，则是各个企业的执行力的差异。”

互联网时代的零距离与网络化，使企业难以再继续依靠信息的不对称或某一方面的技术优势营造长期的竞争优势，企业的竞争优势已经由产品竞争力的打造转化为如何最快最好地满足消费者需求，这对组织的运营效率提出了更大挑战。

如果一个营销团队表现出以下特征：精确度不高、缺乏专业技能、做事情如蜻蜓点水、沟通无规则、散漫、人员心理素质差、计划不周全。那么这样的营销团队在与竞争对手“对战”时，任何优势都会荡然无存。那些为了实现某一个相同的目标而相互协作、快速反应、积极落实的团队才最有可能成为最后的赢家。

物有本末，事有始终。竞争拉动了需求，竞争是第一位的，需求是第二位的。企业要明白，营销的出发点首先是竞争，在研究竞争对手的基础上再研究消费者需求才有决胜可能。不顾竞争对手、只关注消费者需求，很可能一不小心就被对手挤出“跑道”，到时再谈消费者需求就没有意义了！

误区六："坐井观天"

"公司中心型"创新方式已经消亡

很多企业经常会犯这样的错误：做营销的不关注市场，做市场的不关注研发，做研发的不考虑产品，做产品的不让营销人员参与。这么做的结果是：做产品的只想着产品，压根不去考虑市场是否需要；做生产的只负责生产，才不管销售如何；而做营销的甚至都不知道生产的是什么。各部门独立运作，闭门造车，以至于很多营销人员在做完营销后都不知道这款产品究竟是什么。

之所以会出现这些问题，是因为各部门都觉得用户最关注自己，包括自己的产品、自己的服务、自己的理念。可实际情况是，虽然用户站在电梯里的广告牌面前，眼睛盯着广告，可广告所传达的信息未必能进入他们的大脑，他们的思维很可能飘到了其他地方，比如，晚上去哪儿吃饭，下周有哪部热映的电影……用户关心的永远是自己的事情、自己的工作、自

本节导读

"公司中心型"创新方式已经消亡

以用户为中心的全民营销

一心所向的营销才能抓住"猎物"

己的钱包、自己的晚餐等。

从根本上看，这些营销人员犯的错误可归结为四个字：公司中心。所以他们才会脱离人群属性，按照行业属性来进行宣传，主观地认为行业属性就是自己目标群体的属性。他们完全忽略了产品应以人为本位，用户是立体化的人——他是喜欢产品，但他还有七情六欲；他喜欢逛百货商场，但对地摊小店也不排斥。过去的营销人员喜欢给用户“画像”，描述目标群体的偏好、地位、职业、身份，而不愿意承认用户是有着自我个性的活生生的人。

以用户为中心的全民营销

《消费者王朝》一书的作者普拉哈拉德说：“‘公司中心型’创新方式已经消亡。相反，用户正凭借独一无二的个人经历在创造价值的过程中发挥着越来越重要的作用。”用户才应该是企业所有工作的重心。

那么，企业应该怎么做呢？

市场营销理论中有一个基础概念叫全民营销，即营销不是企业的全部，但企业的全部都是为了营销，它要求企业把用户作为一切工作的中心，企业全员都应该以为营销做出多少贡献作为自己重要的岗位评价指标。

全民营销是一个很好的实践方向，可在具体落实中，很多企业对全民营销存在诸多误解。比如，有些企业要求全员去卖产品或承担销售指标，不分部门和岗位，而有些企业的非业务部门或岗位以帮助销售的名义，不经过业务部管控而销售产品。这些做法带来的只有混乱，很少有积极意义。

以用户为中心的全民营销应该是怎样的呢？

任正非曾对华为员工说：“让听得见炮火的人呼叫炮火！”第一个“炮火”是指市场竞争中用户的需求、对方的情报和资源、市场环境等；第二个“炮火”则是指企业赋予的各类资源，包括团队人员、支撑人员、成本、物流、设备等。简单来说，就是多给紧密接触用户、了解用户心声的“听得见炮火的人”权力。“听得见炮火的人”，可以是销售人员，可以是技术人员，可以是售后人员，也可以是企业的任何人。

关注用户的需求是华为得到全球运营商认可的关键，任正非非常重视倾听用户的声音。

1997年前后，华为的销售额已经达到了几十亿元。由于销售量很大，华为内部又是层层分解任务的做法，所以在执行的一些具体细节上很难照顾周全，时常会出现这样那样的错误。当时，市场部部分经理的一大任务就是去给那些生气的用户“消气”，也就是去赔礼道歉。

由于订购的设备一直没有到位，某地电信局催了某办事处好多次，好不容易收到了华为的货，却发现不知道哪个环节出了问题，导致货发错了。由于到货日期比预期到货日期推迟了半年多，又出现这样的情况，该电信局领导暴跳如雷，直接把多份投诉传真发到了华为总部。总部指示一名企业高层带领一名助手一起去处理该事务。处理事务当天，这名企业高层和职员，耐心地听对方主管领导抱怨，并真诚道歉，最重要的是，他们将对方的意见、牢骚一条条地记下来，回到办事处后汇总发到企业总部统一处理。

任正非要求，在平时的系统维护中，华为员工除规定的工作之外，还要思考用户在想什么，其理由是什么。企业通过交流访谈记录、邮件、用户维护制度、集团公司文件、上级考核要求等多种资料获取用户的信息，指导维护工作，使维护工作有的放矢。

任正非认为，倾听用户声音，哪怕是牢骚，也是打造适销产品的第一步。这种传统一直被保留到现在。华为的进步，离不开一线人员的“指挥”。

一心所向的营销才能抓住“猎物”

有这样一个小故事：父亲带着3个儿子到草原上猎杀野兔。在开始捕猎之前，父亲问3个儿子：你们看到什么了？老大回答：我看到了我们手里的猎枪、在草原上奔跑的野兔，还有一望无际的草原。老二回答：我看到了爸爸、大哥、弟弟、猎枪、野兔，还有茫茫无际的草原。老三回答：我只看到了野兔。父亲说：老大、老二，你们可以回家了，只有老三才是合格的猎手。

为什么只有老三才是合格的猎手？因为对于猎手来说，猎物才是目标，其他都无关紧要，老三一心所向，抓住了真正的根本，所以，他才是真正的猎手。

2015年，我所在的奔跑互动营销策划有限公司全程策划了大型"非遗"纪录片《指尖上的传承》。在内容定位上，《指尖上的传承》打破了一直以来枯燥的展览、说教的形式。传播就是要找到共性，"美观""时尚"等这些是年轻人所关注的，这就意味着内容要令人惊艳，必须要抓人眼球。于是，项目组改变故事出场顺序，开场首先是精美绝伦的作品以及讲述其国际影响力、拍卖价格，然后再切换至其传承人，有关作品的故事娓娓道来。

在传播形式上，《指尖上的传承》顺应碎片化时代的特点和年轻人的触媒习惯，采用纪录片形式进行视觉传播，让传统文化以视频和故事的形式"接地气"，通过现实生活场景和镜头刻画，展现工艺品的精美与传神，为观众营造艺术熏陶的氛围，一改人们对传统文化所持的严肃、枯燥的刻板印象，这样做更利于吸引用户关注。

《指尖上的传承》在传播初期以十分新潮和年轻化的方式与年轻人打成一片，将包含苏绣、玉雕、歙砚在内的众多"非遗"代表，与年轻人感兴趣的时尚单品和奢侈品相结合，打造"中国的奢侈品"话题，引发大众对中国传统手工艺品的关注和兴趣，进而更新大众对国家"非遗"文化的认知，唤醒大众对"非遗"文化的守护和传承意识，活动海报如图2-6所示。"中国的奢侈品"这一话题一针见血，发布后短时间内吸引了众多年轻人的关注。各大网络平台的点击量都很高，豆瓣网友也打出了8.5的高分。

图 2-6 《指尖上的传承》海报

无论是泥人张、紫砂，还是玉雕、苏绣，在传播过程中，该企业一直在竭力做好两件事：一是“搭建连接”，让人们可以更直观、便捷地了解“非遗”文化；二是“再现或演绎”，对传统“非遗”文化进行提炼，并在二次传播中进行创造性的演绎，比如打造话题性十足的热门话题，让传统文化契合这个时代的形态，真正地走进当代人特别是年轻人的生活。

该企业还释放出“高手在民间”（其实很多“非遗”传承就在我们身边）的信息，吸引网友参与讨论。结果网友反馈积极，很多关键意见领袖也纷纷点赞，参与并撰写观后感，于是，一篇篇好文章使中国“非遗”赢得了广泛关注。

盯着用户，关注用户的需求，倾听用户的声音，从源头提高受众黏性，激发用户自增长，这才叫以人为本的营销，也开创了中国传统文化营销的先河。

对传统文化最好的保护和传承方式，是让它重新回到大众的生活中，特别是年轻人的生活中。时代在发展，大众的日常生活模式也在不断改变，文化的传承更需要与时俱进，刻板、枯燥的传播只会让传统文化被束之高阁。而今，《中国诗词大会》的火爆，使更多的人重新捡起书本，感受古诗词的魅力；《朗读者》《见字如面》让人们重新爱上阅读，领略汉语言文化的质感；国家级文物凭借《国家宝藏》《我在故宫修文物》得到了广泛传播和认可这些再次印证了“猎人眼中只有猎物”的论点，企业要与用户保持互动，满足其需求，而不是“自嗨式”地营销。

误区七：营销成败取决于“圈子”大小

“圈子营销”，顾名思义，是针对拥有某种相同或相近的爱好、兴趣或特质的人群，深挖其需求，进行定位和资源整合，配合各种营销活动的营销方式。圈子营销最初兴起于美国直销行业，代表企业如特百惠（Tupperware）、安利（Amway）、玫琳凯（Mary Kay）。而目前最为常见的圈子营销莫过于微商。

有人说，物以类聚，人以群分，圈子是必然产物，而圈子营销可以更精准地直击目标群体，这无疑是一种高效的营销方式。其实，这种思维是错误的，因为它失去了营销本身的根基。

起初，圈子营销以产品为载体，但在信息大爆炸时代，有些人瞄准传统企业在互联网冲击下的转型之痛，开始巧立名目，打着学习、交流、项目对接等各种名目的培训和沙龙来越多，如职场圈、校友圈、车友圈、同乡圈、商会圈……各种圈子成了社交纽带，拴住了你，也拴住了我。

为什么现在的圈子社交，越来越成为无效社交了呢？因为有些人没有明确是非标准，别人觉得好就是好；有些人盲目地忙于应酬，积累那些所谓的人际关系，但回归现实后，只能盯着换回的那一大堆所谓的资源——名片，一筹莫展。

微博上的粉丝曾私信跟我抱怨，花了好几万元去听了一堂电商课，回来后总结成一段话："某人说他自己从只有 4 000 名粉丝做起，做成了业界领袖，但就是不告诉我们是怎么做到的；某专家说'钱'景光明，可不知道怎样做；某业界领袖说以反推为主导的品牌传播他会玩，告诉了你你也不会玩，想玩去找他。"

圈子营销逐渐变质，一些所谓的圈子营销专家一边喊着"传统营销已死""传统企业需要转型"的口号，一边将传统营销的内容回炉再造。从最初的销售渠道到现在的媒体渠道，如网站、社区、微博、微信、App，什么流行就做什么，营销的本质却被慢慢忽略。

圈子营销变成了真正的圈子，把企业、营销人员、产品困在了里面。

营销的本质是什么？营销的本质是通过产品为用户创造价值，满足用户需求。营销的主体是产品。在传统营销模式时代，企业注重渠道的发展，通过不同渠道将产品信息传递给受众；而在当前的社会化营销时代，产品已经不再是仅限于满足用户需求的商品，而是被赋予了展示更多可能性的"人物属性"的商品，这就是人们所说的品牌形象。

就圈子营销而言，沟通交流是建立在人与人之间的关系上的，更多是通过人脉关系去完成销售。虽然圈子营销的建立是在相近或共同基础上完成的，但圈子也有门槛，营销的过程也并非单方面的定向输送，营销最终还是要回归到产品、品牌本身。有过从做微商的朋友那里购买产品经历的朋友，多数第一次是抱着给朋友捧场的心态。每日看着朋友圈刷屏式的微商宣传，又有多少人默默地将其设置为朋友圈不可见？圈子营销是一种思路，但并不适用于长久的企业品牌经营，甚至可以说是一种无效的营销。

同样，某些圈子营销培训师，不断地教导学员：每天不发几条朋友圈，就说明不热爱自己的事业；如果不能让身边的朋友购买自己的产品，就证明不够努力。于是，圈子营销导致朋友圈垃圾广告堆积。

营销人员不要过分高估圈子营销的好处，营销的本质依旧是通过产品创造价值。在白纸上画一个圆，尽可能画一个最大的圆。这个圆代表了人们的圈子，这张白纸上圆以外的面积一定会比这个圆的面积小。这就是圈子营销的思维方式。但白纸并不能代表全部，对于营销来讲，没有任何一个品牌、企业希望把自己的受众永远圈在一个圆内，圈外的部分才有更多的可能性。

营销之所以充满魅力，就是因为它会创造无数的可能性。起于产品，基于市场分析、用户调查，结合市场需求，打造一个符合市场口味的产品形象，这样的营销才是有价值的营销，才不会因圈子的限制而无从发挥，毕竟圈外的世界更大。

记住：天天说着有资源的，反而什么事也干不成。因为，资源都是缺钱的！

第三章

如何让营销更有效

社会化媒体时代，手机成了“器官”，每个人一天中的大部分时间都被社交媒体占据。在这个全民社交的时代，企业要做的，不是制定社会化战略，而是学会如何在社交化的世界中生存。

本节导读

内容运营：打造高黏性粉丝的靠谱手段

功能入口：完善平台功能，提供便捷的入口

话题活动：让互动活动更具话题性和自传播性

数据应用：挖掘营销数据宝藏，有效提升 ROI

系统高效的新媒体营销技巧——CFID 运营法则

对于食品制造商来说，产品研发是经营的重点。要想做好产品研发，采样调查是十分必要的。在传统模式下，采样调查不仅耗时耗力，而且有效性也很难保证，社交媒体让这一切变得简单起来。菲多利食品公司（Frito-Lay）为做好产品研发，在用户十多亿的 Facebook 上创建了一个名为“我要吃什么”的应用，消费者可以通过这个应用创建自己想要的口味，并给心仪的口味投票。根据这款应用背后的数据，菲多利食品公司推出的食品总能受到广大消费者的热捧。

这些数据还能清晰显现出区域特征，菲多利食品公司根据地域特征开发出了不同的产品。于是，我国的超市里有了酸菜鱼口味的乐事薯片，而泰国超市里则有“麻辣蟹”口味的乐事薯片。

社交媒体时代，手机成了“器官”，每个人一天中的大部分时间都被社交媒体占据。

在这个全民社交的时代，企业要做的，不是制定社会化战略，而是学会如何在社交化的世界中生存。

从目前来看，企业在社交媒体运营中经常会碰到3个问题，如图3-1所示。

图3-1　企业在社交媒体运营中最常碰到的3个问题

有平台无效果

有社交平台，但是没有系统运营，内容沉淀在粉尘化的微信大环境内。没有粉丝，没有互动。

富士康曾花了几亿元做电商平台，万达也曾花了上百亿元做电商平台，但钱都打了水漂。很多企业在传统领域做得非常成功，但转型做互联网却不尽人意。它们以为，有豪华的办公室、组一个运营团队、做一个漂亮的网站、开发一个App就能成功，结果却赔得很惨。平台不是关键，关键在于粉丝运营。没有忠实粉丝，就不能和商家谈合作，不能给商家引流，就不能变现。

有资源无话题

对于话题制造，很多企业还停留在“有奖转发”的层面。除了有奖转发，它们找不到更好地吸引粉丝的方式。也有些企业虽然成立了品牌部，雇用了一群“90后”，并借助他们的新思想确实得到了一些有趣的创意，也主办了一些活动，但活动无法形成话题，资源无法发挥应有效用。

如今，99% 的管理者和营销人员都十分重视运营，每天分析各种数据，如销售额、市场占有率、粉丝数、活跃度、阅读量等，虽然忙忙碌碌，但效果不尽人意。根本原因在于他们不善于制造话题。而没有话题就没有流量，没有流量就没有销量。

有互动无数据

2017 年，美特斯・邦威请了很多当红明星代言，也策划了很多热门话题，粉丝互动也很多，最终收效如何呢？其创始人周成建说：“我曾经走了一些错路，把互联网当成使命，花了很多钱去买流量，但那些流量是留不住的，钱白‘烧’了。如果把互联网作为工具，还是极其有价值的。”

没有流量一定没有销量，有流量也不一定有销量。企业的任何社交行为，最终都是为了获得用户数据，并转化为销量。可惜很多企业花钱买的只是热闹，转化率很低。

企业究竟应如何做好社交媒体运营？奔跑互动团队根据多年实战经验总结出一套体系——品牌社交媒体运营 CFID 法则，如图 3-2 所示。

Content(内容定位)：媒体属性是企业社交网络的基本要素之一，要构建系统化的内容，吸引用户持续关注，提升用户黏性。

Interact(话题活动)：富有创意和易于传播的活动，是企业获取用户的有效方式，活动必须具备话题性和自传播性。

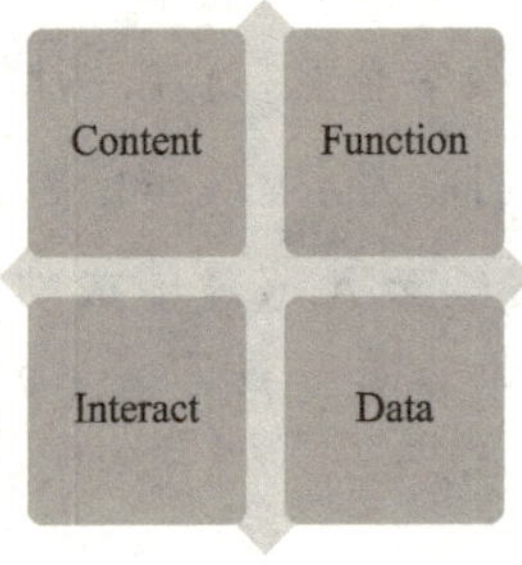

Function(功能入口)：以用户角度为出发点，完善平台功能，为用户打造便捷的功能入口，给用户好的使用体验。

Data（数据应用）：长期积累的用户交互行为数据是一个巨大的宝藏。组建有效的数据库并进行分析，可以指导企业设计更有效的营销活动及评估标准，最终达到提升ROI（投资回报率）的目的。

图 3-2　品牌社交媒体运营 CFID 法则

什么是 CFID 法则呢？

内容运营：打造高黏性粉丝的靠谱手段

C 指的是内容定位（Content）

一位盲人拿着一张纸板，坐在街边乞讨，纸板上写着："I' m blind,please help me."（我眼睛了，请帮助我。）大街上人来人往，却都熟视无睹。后来，有一个女孩走过来，帮盲人在纸板上重新写道："It' s a beautiful day ,but I can' t see it."（今天是美好的一天，但我却看不到。）很快，给盲人捐钱的行人多了起来。

这就是内容在营销中的巨大作用。

我有个朋友创业，注册了微博、微信账号，还买了 10 万粉丝。但是这些买来的粉丝对其销售毫无帮助。吸引高黏性粉丝最靠谱的途径是打造好内容，被内容吸引来的粉丝，其黏性相比被活动吸引来的粉丝的黏性更强，因此，企业需要清晰的内容定位，构建系统的内容，吸引用户持续关注。

2014 年 2 月，奔跑互动总经理郭浩分享了一个案例：按照 CFID 法则运营一段时间后，ThinkPad 微信平台的粉丝数量突破了 30 万，且用户互动活跃度也稳步提升。

形象定位，是很多内容运营者容易忽略的一点，其实一个好的形象定位很容易带给用户好感。联想根据 ThinkPad 的品牌基因和用户属性，为其打造了一个社交媒体上的形象——"小黑"。同时，围绕这一主形象，在之后的运营中，联想不断地根据主题拓展相关的形象，如图 3-3 所示。这样既能很好地传递 ThinkPad 的品牌属性，又契合用户的调性，能轻松博得用户的好感，毕竟用户更喜欢与有个性、有特点而又不失风趣的鲜活的个体互动，而不是与一个冷冰冰的品牌或者机器对话。

图 3-3　ThinkPad 社交媒体品牌形象

同时，联想还根据 ThinkPad 的用户属性，以新媒体的方式、刊物运营的标准来系统地打造内容，其内容规划如下。

周一艺术风，讲述艺术圈最精彩的设计创意，欣赏最新艺术大作，使读者能够以轻松愉悦的心情面对新一周工作的艰辛与压力。

周三最科技，提供环球最新科技资讯以及各种和创意、创新有关的事物，让读者能够在忙碌中得到片刻轻松，也能获得更多谈资和话题，为下半周工作提供动力。

周五风尚汇，融合时尚与经典元素，提供品质生活建议，包括潮流资讯及外出游玩、家庭聚会、亲子互动等方面的建议。

周末乐翻天，通过互动活动让所有读者有机会在平台上得到各种惊喜，这很好地把兴趣爱好不同的粉丝融为“小黑一家人”。

再如，奔跑互动团队给乐金（LG）中央空调建议的内容定位是不盲目追逐热点，做有情怀、有格调、结合热点的产品秀、品牌秀、创意秀和互动秀。

产品秀：包括产品中标信息、产品技术解读、样板工程盘点、新品介绍、行业新规以及各种和暖通行业相关的信息，让用户对企业和行业动态一览无余。

品牌秀：涵盖企业自主研发技术斩获专业奖项、企业助力公益事业、品牌影响力及重大举措的报道，让品牌在用户心中的形象熠熠生辉。

创意秀：展示最新颖的创意，并借势热点新闻，使产品与热点深度结合，打造多元化的有趣内容。

互动秀：定期举行互动活动，如有奖竞答、猜字谜、有奖投票等，通过丰富的形式吸引用户互动。

这样的内容定位，让 LG 中央空调的微信平台既有趣，又能对用户产生更多的实用价值，成为有趣而又实用的沟通平台，如图 3-4 所示。经过这样的定位，其账号的粉丝数量从 0 增长至 2 万精准的用户。

图 3-4　LG 中央空调社交媒体内容系统打造案例

2017 年年底，区块链迅速蹿红，数以千计的区块链媒体也竞相出现。很多不具备媒体基因的所谓区块链媒体，只是借着媒体的“壳”去赚钱，鲜有人真正用心去做媒体。

奔跑财经（FinaceRun）也是在此时诞生，本着聚焦行业最新动态，还原事实真相的初心，从快资讯、深解析入手，着力打造“区块链 315”、“区块链红黑榜”和原创视频等栏目，坚持媒体最直接的输出方式就是内容的产出。

区块链 315：以媒体之责树行业之风。通过专业的行业解读，聚焦行业焦点、还原事实真相、洞察技术趋势、弘扬媒体正能量。相关报道将纳入创业白板，作为该项目的信用指数在平台上永久保存。

区块链红黑榜：INDEX（指数）价值排行榜。奔跑财经借助研究推出的区块链项目评估体系，以及其搭建的科学评估模型——奔跑财经项目价值评估模型（FinaceRun's Evaluation Model of Project Value，FEMPV），从项目背景、项目创意、项目实施、项目技术、商业价值、项目阶段、项目市值、项目团队 8 个维度 24 个指标，对区块链项目进行综合分析，更全面、更权威、更精准地针对实际落地应用及产生的效益和价值进行系统综合评分，如图 3-5 所示。所有评估结果将作为 INDEX 价值排行榜的排名依据。

图 3-5 区块链红黑榜：INDEX 价值排行榜

原创视频栏目：多元全视角呈现。为丰富传播内容和传播形式，实现内容深度化、专业化、可视化，奔跑财经还推出了视频栏目。该栏目包括涵盖全球区块链领域的视频资讯以及基于行业现象和痛点的自制剧，多维度、多形式、全方位地将区块链垂直领域的内容做深做透。同时打造独立原创视频 IP，视频栏目《韭菜男士》通过“娱乐＋吐槽”的方式，在嬉笑怒骂之间传递价值观，尤其是《韭菜男士》原创 MV 主题曲，推出后深受广大用户喜欢，形成了广泛的自传播，带动奔跑财经平台整个视频栏目的流量直线上升。

在垂直纵深区块链领域，奔跑财经通过深度剖析和深度报道，传播区块链创新创业理念，讲好区块链创新创业故事，让具有区块链思维的投资者和相关爱好者在奔跑财经搭建的平台上实现价值输出。

随着 2018 年 8 月 21 日和 9 月 7 日的连续两轮大规模封停区块链媒体微信公众号，众多区块链媒体公众号被封停，这无声地传递着虚拟货币监管层的新信号。原本喧闹的区块链媒体市场，一时间鸦雀无声，奔跑财经却迎来了爆发式的增长，且其深度访问的用户比例非常高，这再次验证了一个道理：通过内容吸引过来的用户，其对平台的黏性和忠诚度是最高的。

功能入口：完善平台功能，提供便捷的入口

F 指的是功能入口（Function）

微信平台的定位是“连接一切”。企业微信，需要以用户角度为出发点，完善微信平台功能，为用户打造便捷的功能入口。

奔跑互动团队把 ThinkPad 的微信平台就订阅号与服务号进行了不同的定位，根据不同诉求进行账号运营。“@ 小黑”作为联想品牌的订阅号，承担了更多的内容功能，同时作为品牌活动和品牌资讯的有效导流平台，其定位是品牌媒体化，即通过内容和活动发展 IT 爱好者让其成为粉丝，通过数据挖掘激活意见领袖并对其进行调研。“@ThinkPad”作为联想品牌的服务号，承担了更多的服务功能，通过人工在线客服实现与用户实时对接。同时，结合服务号微信支付，打造微信商城，服务号定位是销售平台，为用户提供从开始购机到售中、售后的服务，打造创新型产品营销。ThinkPad 微信商城作为社交电商平台，有 100 多个 SKU（库存量单位），达到了创新型选件销售的目的。

企业应改变对微信平台只作为信息传递的误解，其实利用微信平台做销售的例子有很多。2017 年 7 月 21 日，某公众号发了一篇题目为《想把蓝色穿好看，先要知道你最适合几十度蓝》的文章。这篇为限量版 MINI 造势的文章不仅阅读量惊人，转化率更惊人：100 辆价格 28.5 万元起的汽车在 4 分钟内被抢购一空，50 分钟内全部完成支付。谁说微信平台只能卖口红、卖衣服、卖零食？人家连汽车都卖了。

目前，区块链行业鲜有重视技术、关注技术研发的媒体平台，很多所谓的媒体人打着区块链媒体的幌子行营销之道。做媒体要借鉴新媒体，但媒体不仅仅是新媒体，不只要重视内容，更要重视技术研发，为此，在产品设计之初，企业应立足于 C 端用户，为其提供满足其需求的专业化信息服务，同时为 B 端用户提供全面、可靠、透明的数据信息，提供技术学习和项目展示平台。

“链 +”：“千人千面”私人定制。奔跑财经根据用户的阅读习惯和其获取资讯的方式，为满足用户的个性化需求，推出了“千人千面”定制服务——“链 +”。“链 +”可以为用户提供定制资讯、信息标签、行情提醒等功能，实现以用户为核心的专业化信息平台定位，如图 3-6 所示。

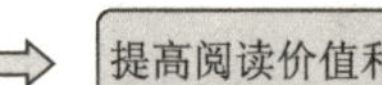

图 3-6 “链 +”：“千人千面”私人定制服务

“创业白板”：区块链项目晴雨表。奔跑财经依据权威的数据库资源，立足于区块链项目征信的相关信息，通过深度分析、特征抽取和使用图构建技术，打造为用户提供全面、可靠、透明的数据信息，提供行业技术学习以及项目展示的专业平台——“创业白板”。“创业白板”完整收录区块链行业项目，全方位、多角度地展示项目解决方案、技术构成以及团队成员等信息，如图 3-7 所示。

ethereum

以太坊（ETH）

发布时间：2014-07-24

分享到

申请创业报道

项目描述：作为区块链2.0的标志性代表，以太坊（ETH）在区块链技术中加入了智能合约功能，其本质是“合同”+“仲裁者”的合体。

风险扫描　自身风险 0 条　关联风险 0 条　查看风险

奔跑财经（FinaceRun）点评：

目前以太坊（ETH）的技术存在重大问题，尤其是其通道拥堵、交易速度慢、智能合约资产的安全漏洞。而以“V神”为代表的以太坊团队正在通过研发新技术来攻克现有问题和隐患，并且众多网友都相信以太坊团队的能力和诚意。而最为彰显以太坊（ETH）神级地位的是其蓬勃发展的生态系统，数以千计的项目正在依托以太坊运作着。也正因如此，才会对其技术有着更高的要求，如何攻克技术难题将是以太坊（ETH）面临的巨大挑战。

公司介绍	产品介绍	竞争优势	产品成绩	团队介绍	公司报道	白皮书

图 3-7　奔跑财经“创业白板”平台

数字资产管家：用户数字资产小秘书。数字资产管家用于跟踪用户关注 / 拥有数字资产的实时行情，可浮窗显示，让用户随时掌握全球行情的实时波动；同时可以设置行情提醒功能，用户可自行设置数字资产预警峰值；另外，当该数字资产临近预设值时，平台会主动提示，为用户的数字资产保驾护航，如图 3-8 所示。

为让用户摆脱海量信息和垃圾信息的包围，技术升级后的新版数字资产管家推出了区块链行业项目的晴雨表和行情预警，进一步实现了价值输出。

图 3-8　数字资产管家

奔跑财经从技术层面提升了用户阅读资讯的体验，同时为用户获取完整的项目信息提供了专业、公正的展示平台，将有价值的信息推给有需要的人，实现价值输出的最大化 。

话题活动：让互动活动更具话题性和自传播性

I 指的是话题活动（Interact）

随着微信用户获取成本的提升，富有创意和易于传播的活动，成了企业获取用户的有效方式。在瞬息万变的社交媒体中，单纯的有奖活动效果一般，活动必须具备话题性和自传播性。

2014 年，ThinkPad10（T10）上市，官网限量发售，用户可通过参与微信众筹赢取抢购资格。当时，ThinkPad 制定了这样的玩法，吊足了用户胃口：第一步，召唤自己的 T10 特权；第二步，邀请好友收集部件；第三步，部件收集完成，即可获得 T10 购买特权；规定时间内未集齐部件的用户可获得小黑公仔，可以到官网兑换，如图 3-9 所示。当时恰逢父亲节，ThinkPad 及时策划了父亲节话题营销活动，在微信平台发起“这个雨季的父亲节，让爸爸体面一点”主题活动，推出 50 把限量高溢价雨伞礼盒，主题活动发布之后礼盒被抢购一空。

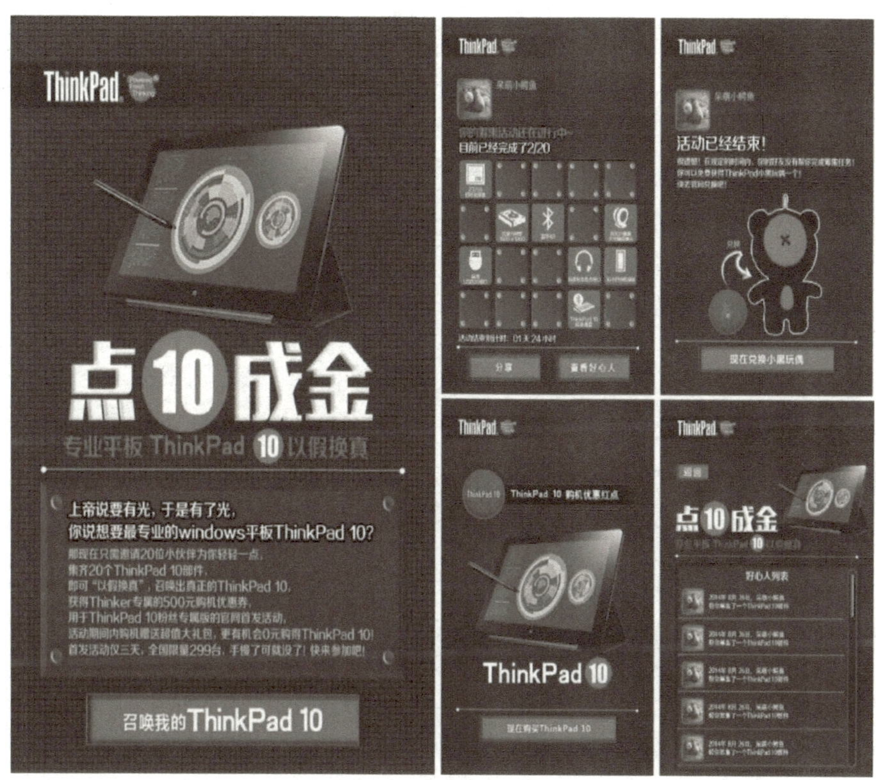

图 3-9　2014 年 ThinkPad“点 10 成金”话题活动

为吸引用户关注，也可以举办线下活动，其成本不一定比线上活动成本高。2015 年 7 月 22 日，在北京建外 SOHO、国贸、三里屯等热门商区，突然出现了一群穿着奇特的外籍男子，他们上身仅穿一条 X 形的背带大披风，下身则穿着咖啡色的皮短裤和长靴凉鞋，手腕上还戴着同色的腕带，酷似电影里的“斯巴达勇士”。这样的装扮在商圈一出现，就引来不少人驻足围观。这场“闹剧”的幕后导演是一家名叫“摇滚甜心沙拉”的餐饮品牌。这次话题营销效果斐然。很多围观的群众都拍下了“斯巴达勇士送沙拉”的照片，并将照片上传至新浪微博和微信朋友圈，很快，该话题在朋友圈刷屏，相关微博也登上了热搜榜单。

数据应用：挖掘营销数据宝藏，有效提升 ROI

D 指的是数据应用（Data）

长期积累的用户交互行为数据是一个巨大的宝藏，组建有效的数据库并进行分析与挖掘，可以指导企业设计更有效的营销活动及评估标准，最终达到提升 ROI 的目的。

奔跑互动团队在“孵化”伯果儿生鲜之初，就利用了 I（话题活动）和 D（数据应用）两个策略。当时营销费用很少，该团队就在网上成立了一个“吃货俱乐部”，并打出这样的口号：“我是吃货，我为自己代言。”随后，该团队发起了“吃货最懂吃货——伯果儿大美新疆美食品鉴活动”，通过前期征集、中期线下美食体验，让“吃货”们自主成为伯果儿的代言人。活动当天伯果儿就收到了近 1 100 个采集订单。接着，该团队又推出了“寻味之旅——伯果儿心丝路·约会新疆”众筹项目，在第十二届新疆哈密瓜节之前，通过与相关人员沟通，确定了由伯果儿负责全程运营的“旅游 + 美食品鉴”众筹活动。通过借势营销，100 多个美食营销号跟随伯果儿到达哈密瓜节现场，为伯果儿所销售的产品进行宣传造势，活动 20 天内共众筹到 526 700 元，起到了品牌宣传和产品销售的双重作用。

上述几个低投入、高回报的活动让奔跑互动团队拿到了伯果儿运营的第一桶金。后来，伯果儿销售平台逐步健全，除了销售外，还基于运营获取大量的用户数据，而且根据每次活动和主题，把吸引来的粉丝都标签化，明确每次活动的转化情况。随着数据不断累积，伯果儿能很清晰地了解粉丝的喜好，在做其他活动或者策划时，能快速找到目标受众的小圈子，然后在细分执行中通过数据追踪小圈子中的关键意见领袖，长此以往，就很容易发起和组织相关活动。一旦打通一个圈子，再小的圈子也能爆发无穷的力量，而这一切都是建立在数据的支撑上。图 3-10 是伯果儿电商基于兴趣爱好的圈子运营全景图。

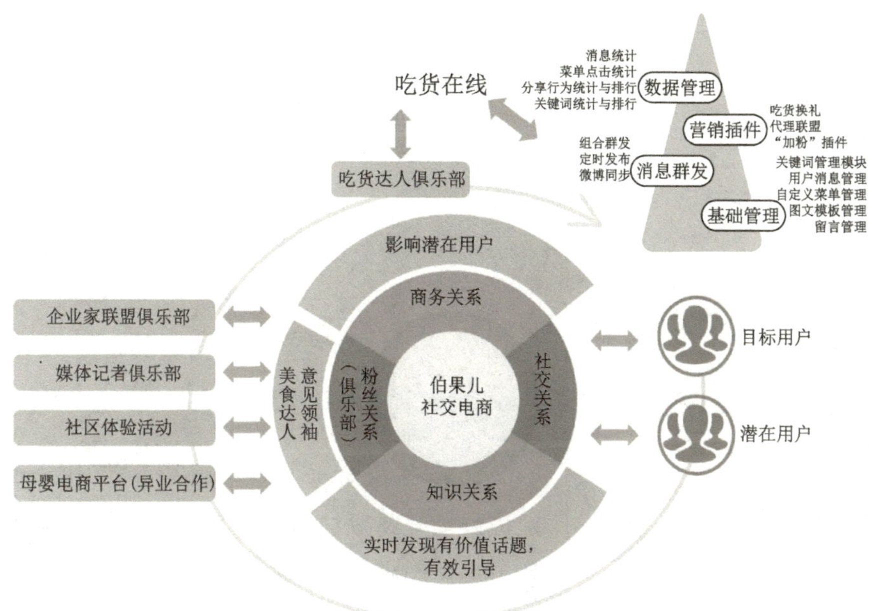

图 3-10　伯果儿电商基于兴趣爱好的圈子运营全景图

作为互动平台和用户黏度高的平台，吃货在线基于运营获取了大量的用户数据。

（1）用户标签化（数据来源）；

（2）找到关键意见领袖（数据活跃度和影响力分析）；

（3）数据二次利用（积分换礼等二次利用）；

（4）数据评估（营销效果评估）。

总之，CFID 法则是奔跑互动团队基于实践而原创的一个法则，深受行业认可，该团队多次受邀到各个企业分享 CFID 法则。几乎成为行业新媒体运营的准则，它适用于企业品牌社交媒体运营，企业可结合自身的实际情况，从 4 个方面入手，找到适合自己的品牌推广之路。

本节导读

制定策略前挖掘创新点的 3 个“W”

品牌爆发式传播利器——SIAS话题营销法则

有调查数据显示：2016 年，我国分享经济市场交易额约为 34 520 亿元，比上年增长 103%；融资规模约 1 710 亿元，同比增长 130%；参与分享经济活动的人数超过 6 亿人，比上年增加 1 亿人左右；参与提供服务者人数约为 6 000 万人，比上年增加了 1 000 万人。分享经济已经成为新时代不可忽略的一种经济形式。

分享经济到底有什么独特魅力呢？

先讲一个故事：传说西塔发明了国际象棋，国王很高兴，决定重赏西塔。西塔说：“陛下，我不要你的重赏，只要你在我的棋盘上赏一些稻米就行了。在棋盘的第 1 个格子里放 1 粒，在第 2 个格子里放 2 粒，在第 3 个格子里放 4 粒，在第 4 个格子里放 8 粒，依此类推，每一个格子里放的稻米数都是前一个格子稻米数的 2 倍，直到放满 64 个格子就行了。”

国王一听，区区几粒稻米而已，就痛快地

答应了。随后，国王命人给西塔放稻米，计数工作开始了，第 1 格内放 1 粒，第 2 格内放 2 粒，第 3 格内放 4 粒……还没有到第 20 格，已经放完了一袋稻米，到最后，国王发现，自己哪怕拿出全国的稻米，也兑现不了他对西塔的诺言，因为要想填满 64 格棋盘，需要 18 446 744 073 709 551 615 粒稻米，而这么多的稻米，两千年的时间也生产不出来。国王拿不出这么多稻米，只好欠了西塔一笔巨债。

这个故事体现的就是几何倍增的魅力，它将一个微不足道的东西放大至无限。分享也有这样的魅力，它能产生“一传十，十传百”的效应。在分享经济下，企业的广告不能仅到达用户就算结束了，而且还要调动用户的积极性，让用户把信息传播出去，它进行的不是点对点、面到面的传播，而是震荡波式的传播，将传播范围一圈圈逐步扩大。

分享背后传递的是信任。广告传递的是信息，而分享传递的是信任，人们分享一件产品、一项服务，他们的朋友们会基于对他们的信任，对他们传递的产品和服务信息也更为信任，这就是分享的最大价值。

另外，分享的成本呈现越来越低的趋势。所谓分享成本，指的是用户获得一个信息源，然后将这个信息源分享给其他用户所要付出的成本。在电话和短信作为主要沟通工具的时代，人们分享的成本，包括时间和金钱成本，它们都比较高，效果却非常有限；在移动互联网盛行的今天，人们可以免费利用微博、微信朋友圈、QQ 群、兴趣群组、关系群组等各种社交工具，只要动动手指，瞬间就能把信息分享给所有好朋友，分享成本大大降低，而效果却非常明显。

那么，企业该如何开展分享呢？

企业通过有足够吸引力的话题，引发用户参与，引导用户由被动地接收信息到主动地参与和分享，继而发挥口碑扩散效应，这是移动社交时代信息传播的不二法则。

过去，信息传播遵循 AISAS 原则——Attention（引起注意）、Interest（引起兴趣）、Search（进行搜索）、Action（展开行动）、Share（口碑分享），而在移动社交时代，信息的传播路径越来越短，人们获取信息的途径也从之前的主动搜寻获取，变成了基于社群的分享获取，直接判定是否感兴趣——不感兴趣的忽略，感兴趣的参与，进而再次分享。所以信息的传播由遵循 AISAS 原则转向遵循 SIAR 原则——Share（关注分享）、Interest（产生兴趣）、Attend（参与）、Reshare（二次分享），如图 3-11 所示。

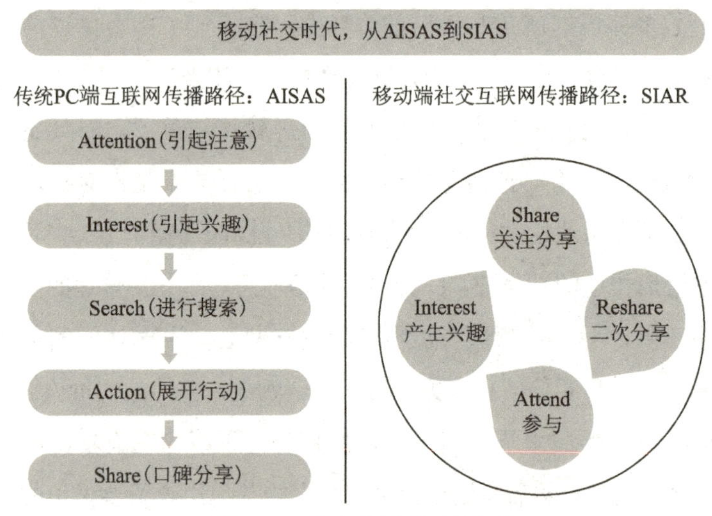

图 3-11　信息传播原则的变化

制定策略前挖掘创新点的 3 个“W”

企业总想让自己在社交网络中一鸣惊人，但不是每一个品牌或者产品都可以这样。海底捞从搬车到送外卖，再到郊游现场送火锅、折叠千纸鹤抵扣消费金额，其成功秘诀首先是服务的创新，其次它并没有王婆卖瓜——社交网络是一个别人说你是谁的平台，而不是自我吹捧的平台。所以当想一鸣惊人的时候，先要思考创新在哪里。

首先，要解决以下这些问题。

Who（对谁说）：配合线下焦点组调研，通过内外部数据平台了解目标受众，在掌握目标受众基础信息之后，挖掘目标受众感兴趣的信息，为传播做好基础准备。

Where（通过什么渠道）：结合目标受众，选择更加精准的社交渠道，才能够更加有效地触达目标受众，达到更加有效的传播效果。

What（传播什么话题）：确定传播平台后，结合目标受众兴趣和平台特性进行传播。传播内容一定要具备话题性和参与性。

全面考虑以上 3 个“W”，是保证分享有效的前提。

下面来看看联想在 ThinkPad New X1 Carbon 产品上市时是如何运用 SIAR 原则高效玩转社交媒体的。

当时，ThinkPad 品牌年度最重要的产品发布会和粉丝盛会的策划方面临以下问题：如何激发粉丝的创造力，为 ThinkPad 的品牌和产品制造话题？如何区别于传统上市传播方式，基于社交有效地打造话题性的新品传播，形成更大声量？

策划方最终定下这样的传播策略。

Share（关注分享）：明确受众，信息直达。

创新性采用微信售票模式，精准锁定用户，让信息直达目标受众圈子，设置一键购买，便于用户购买门票。

Interest（产生兴趣）：吸引用户参与品牌互动。

通过“ThinkPad 合伙人计划”，吸引忠实用户与 ThinkPad 一起打造产品，让粉丝成为大会主角甚至 ThinkPad 拓展产品的研发人员——共有 100 余名粉丝提供了自己为 ThinkPad 设计的产品，其中 3 个优秀的产品在 Fresh Thinking Day 入选：网友 A 提供的 ThinkHub ThinkPad 多功能拓展电源，网友 B 提供的 ThinkGraphics ThinkPad 外置显卡，网友 C 提供的 Think Lady 基于女性角度的产品改进方案，如图 3-12 所示。邀请粉丝参与创造产品，有效刺激了互动和分享，活动传播覆盖人数达到 11 085 993 人；发布会现场 UGC（User Generated Content，用户生成内容）产生 826 条，人均互动超过 2.75 次，每个人都成了传播 ThinkPad 的自媒体；发布会线上直播互动参与达 3 776 人次，后续视频传播总播放量超过 800 000 次。

图 3-12 ThinkPad 合伙人计划之粉丝创造产品

Attend（参与购买）：为用户购买过程提供最大便利。

为了吸引用户购买 ThinkPad New X1 Carbon，策划团队为产品名称打造话题关键词，其中创新 H5 测试活动“测试你是哪种人”获得网友积极扩散传播。同时借势热播剧与明星粉丝团进行合作，传播活动主题，促进明星粉丝购买。通过社交平台高潮不断的传播，New X1 Carbon 百度指数峰值突破 8 233，平均值为 4 390，大幅超额完成预计目标，传播周期和产品销售周期紧密结合。

Reshare（二次分享）：用户分享活动页面，促进拉新转化。

在热播剧热播期间继续引导关键词热议及猜测，累计阅读量达到 232 万次；鼓励购买者参与“众筹自适应键盘”活动，累计有 1 200 余位粉丝参与，活动帖阅读量突破 332.8 万次，影响人数突破 560 万。

美剧《神盾局特工》热播期间，奔跑互动团队进行了第二轮 SIAR 营销。最终，ThinkPad New X1 Carbon 产品上市传播各项效果均超过预计 KPI（关键绩效指标）效果，图 3-13 为《神盾局特工》营销中传播和销售形成的合力。

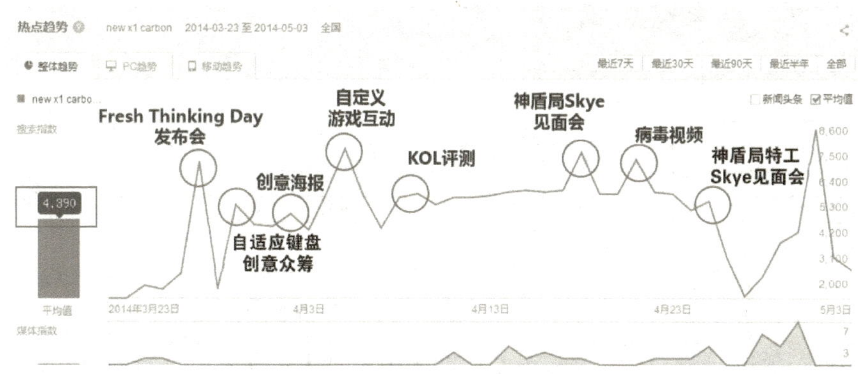

图 3-13 传播和销售形成的合力

本节导读

跨界营销应如何抓住本质

跨界营销应如何避雷

跨界营销的三大原则

给用户带来惊喜的跨界整合营销

目前，随着网络服务形态渐趋多元化，去中心化网络模型越来越清晰，其可能性也越来越大。数字技术、网络技术、传输技术的大量应用，大大强化了受众作为传播个体处理信息的能力，碎片化现象不但让受众群体进一步细化，而且引出了受众更多个性化的信息需求，网络传播呈现为碎片化语境。

更多简单易用的去中心化网络服务的出现，使网民为互联网生产或贡献内容更加简便、更加多元化，降低了生产内容的门槛，从而提升了网民生产与贡献内容的积极性，使每一个网民均成为一个微小且独立的信息提供商，也使互联网更加扁平化、内容生产更加多元化。

正如美国西北大学媒体管理中心负责人约翰·拉文所说，“碎片化”是“遍及所有媒体平台最重要的趋势”。碎片化已成为社会发展的趋势，影响着社会的方方面面；碎片化是受众追求自我、追求个性的必然结果，是传播者从事传播活动的主要依据。

那么，如何在这个碎片化的传播时代中取胜？我多年来坚持在营销一线工作，通过不断地与同行以及客户沟通，经反复实践证明：碎片化时代，跨界营销才是趋势。

年轻的中国网民在经历了论坛关系、同学关系、工作关系和大众关系之后，对社交本身已经疲劳，开始慢慢回归理性，受众人群不断呈现出分众化的趋势，“多种媒体，一个声音”的传播方式，已不能满足碎片化时代不同受众群体的信息需求，这也迫使营销人员不得不去面对和突破。

什么是跨界营销呢？跨界营销就是不同行业的企业之间通过合作，满足彼此的利益需求，同时赢得目标受者的好感，使跨界合作的品牌都能够得到最好的营销效果。

提到卖房，很多人最熟悉的就是中介公司或售楼处，然而，在现在这个跨界时代，在淘宝网上也可以卖房。比如，万科牵手淘宝推出活动，2013 年 8 月 1 日至 2014 年 7 月 31 日，用户在淘宝上的消费总额，可在万科全国 12 个城市 23 个楼盘直接充当购房款，最高抵扣额为 200 万元；其中交易不满 5 万元的，可以获得 5 万元的优惠。截至 2014 年 8 月 25 日，万科的 23 个楼盘在淘宝网上的围观人数达百万余人，其中有 6 万余人领取了购房款，领取 100 万元以上购房款的人数是 250 人，上海地区有上百名网购达人在网上预约看房。

百万余人，如果由线下售楼部接待，需要投入多高的成本呢？现在，万科利用淘宝网的高用户黏度，迅速吸引了人气，轻松获得了大批精准的潜在用户群体，这就是跨界的魅力。

跨界营销应如何抓住本质

跨界是未来营销的必然趋势，这里的跨界不仅仅是部门的跨界、行业的跨界、媒体的跨界、传播元素和手段的跨界，还是需要打破现有占山为王式的故步自封，打破凭借技术突破而“吃”遍天下的陈规。两个不同领域品牌之间的合作，带来的最大益处就是让原本毫不相干甚至矛盾、对立的元素相互交融，从而产生新的亮点。

纸媒一度面临着没落的处境，某著名报纸另辟蹊径，决定和矿泉水企业进行“跨界营销”。报纸和矿泉水，看起来是风马牛不相及的两个事物，可它们有着先天融合的特征——它们都是几乎每一个人都需要的“国民产品”，它们共同面对着“同一个用户”。于是，该报纸决定，用新闻报道作为矿泉水的包装，称之为“新闻瓶”，将其投放到餐馆、超市和便利店。为了保证新闻的时效性，他们在一个月内推出了31款包装，同时，虽然印有报纸广告，矿泉水的价格反而还比原来降低不少。这种矿泉水推出后，获得了巨大的成功，每家便利店每个月能售出3 000瓶“新闻瓶”；另外，因为“新闻瓶”的瓶身印有二维码，用户可以扫描二维码到手机端阅读最新的新闻，矿泉水的热卖还大大增加了新闻的曝光度。

这个案例告诉我们，跨界营销的本质就是从多个角度为用户提供更全面的体验，满足其更复杂的需求。

如今，任何单一的营销只会造成成本递增，效益递减。在信息多元化的时代，营销不应再按照产品的属性或类别来划分人群，也不应再继续自成体系地封闭式传播，而应围绕用户——用户在哪里，信息就应该出现在哪里，要想取胜，就必须打组合拳！微信冲击了电信，余额宝冲击了银行，网约车平台出行冲击了出租，互联网几乎让所有行业的界限模糊，跨界已然成为一种新常态。

跨界营销应如何避雷

跨界虽好，可应用不当的话，企业会吃暗亏。2013年年底，某地产公司推出了首个跨界快消领域产品——××冰泉，这个出身地产公司的产品，具备足够的资金势力和影响力。该地产公司计划2014年销售额达到100亿元，2016年销售额达到300亿元，但是，最终的结果出人意料，到2015年5月，××冰泉累计亏损额达40亿元。问题出在哪儿呢？××冰泉的主力团队都来自该地产公司，他们用做房地产的模式做快消品，显然行不通。

跨界营销的三大原则

在着手跨界整合前，为保证效果，企业要明确3大原则，如图3-14所示。

图3-14　跨界营销3大原则

第一，跨界整合的大原则是：资源共享、优势互补、价值转化。跨界整合的本质就是实现企业之间的资源共享，实现企业之间的优势互补，寻求企业之间因不同需求而产生的价值转化。这个大原则应该贯穿跨界整合的始终，若没有则不可能实现真正意义上的整合。

第二，跨界新业务应能充分利用企业现有的营销资源。前文所述的地产公司的失败就在于它原有的营销团队资源无法应用在跨界的新业务中，这会增加跨界的难度并降低产品的适应力。最好的办法是，跨界的新业务能适用于现有的营销团队、现有的营销渠道等资源，这能让企业少走很多弯路。

第三，跨界合作的企业之间应关联密切。关联度越高的产品，“捆绑”在一起，越能够互相带动销售，行业中重量级别相当的企业合作，引发的关注度越高，越容易带来“1+1＞2”的效应。2018年9月，冠生园旗下的大白兔奶糖与国产美容品牌美加净合作推出一款大白兔奶糖味润唇膏，这款产品在深层滋润双唇的同时，保持了大白兔奶糖的经典味道。这个国产怀旧味组合正式开售不到两分钟，920套产品就被抢光。不少网友调侃：“涂着涂着想吃一口怎么办？”这种跨界合作契合度高，想不成功都难。

本节导读

市场注意力经济的争夺之战

视觉营销：通过视觉刺激达到营销目的

听觉营销：通过独特的声音对消费者购物行为产生正向引导

触觉营销：为消费者留下舒适的触觉感受，影响其购买决策

嗅觉营销和味觉营销：气味与味道最易建立品牌识别度

让消费者无法屏蔽你的五感营销

市场注意力经济的争夺之战

著名的诺贝尔奖获得者赫伯特•西蒙在对当前经济发展趋势进行预测时指出：“随着信息的发展，有价值的不是信息，而是注意力。”这种观点被 IT 业和管理界形象地描述为“注意力经济（economy of attention）。”

所谓注意力，从心理学上看，就是指人们关注一个主题、一个事件、一种行为的持久度。进一步说，注意力经济是指最大限度地吸引消费者的注意力，通过培养潜在的消费群体，以期获得最大的未来商业利益的经济模式。在这种经济模式中，最重要的资源既不是传统意义上的货币资本，也不是信息本身，而是大众的注意力，只有大众注意某种产品了，才有可能成为消费者，购买这种产品。而要吸引大众的注意力，重要的手段之一就是视觉吸引，因此注意力经济也被称为“眼球经济”。

目前，大众的注意力已经成为各企业营

销竞争的焦点，企业如何才能最大化地吸引大众注意力呢？

现代生理学、心理学的研究表明，在人们接收外界信息时借用的感官中，83% 以上要借助视觉，11% 要借助听觉，3.5% 依赖触觉，其余的则源于味觉和嗅觉。大众的注意力取决于他们的直接感官：视觉、听觉、触觉、味觉和嗅觉。因此，五感营销就成为一个必可不少的竞争手段，如图 3-15 所示。

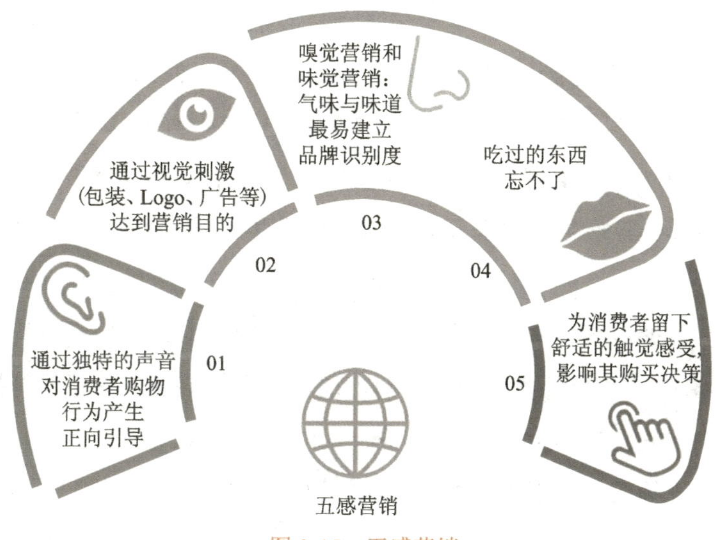

图 3-15　五感营销

视觉营销：通过视觉刺激达到营销目的

杨澜曾说：“没有人必须透过你邋遢的外表去发现你优秀的内在。”这句话用在视觉营销上再恰当不过了。视觉营销被称为“无言的推销”。

所谓视觉营销，就是通过视觉刺激，达到销售目的的一种营销方式。它包括陈列设计、卖场卖点（Point of Purchase，POP）广告设计和店铺设计等。在塑造品牌个性时，产品的包装、象征符号、广告和公司形象等因素都需要融入视觉营销的思维。在终端销售环节，产品的陈列设计、卖场 POP 设计、店铺设计、门头设计、LED（发光二极管）展示牌、视觉识别（Visual Identity，VI）指引等都具有视觉营销的使命。

据了解，阿里巴巴的 Logo 设计了 20 多款，阿里巴巴主页面也被马云“枪毙”了 10 稿，由此可见阿里巴巴对消费者眼睛能看到的体验点的重视程度。终端店面与阿里巴巴的互联网主页担当着同样使命，它是保证消费者体验的第一环，也是最重要的一环，所以马云一直要求将它做到极致。

2008 年北京奥运会，李宁“飞天”点燃奥运火炬，借助奥运会的东风，“李宁”达到了品牌形象和业绩的顶峰。2009 年，“李宁”以 76.9 亿元的销售额超越全球排名第二的阿迪达斯，在中国市场成为仅次于耐克的第二大体育品牌。2010 年，李宁公司启动品牌重塑计划，更换 Logo。1990 年成立的李宁公司从此开始自称“90 后”，将消费人群定位为“90 后”，品牌定位为“时尚、酷、全球视野”的“世界品牌”。随着 Logo 的改变，“你不了解的 90 后”“90 后李宁”等全新的品牌标语开始喊向“90 后”，与此同时，“李宁”服装色彩的运用开始更加大胆、更具视觉冲击力，颠覆了“李宁”过去的形象。经过几年努力，“90 后”从一开始的不买账到如今被成功征服，“李宁”终于实现了品牌转型。

听觉营销：通过独特的声音对消费者购物行为产生正向引导

听觉营销是指利用美妙或独特的声音，吸引消费者的听觉关注，并在消费者的心目中形成独特的声音。在现代商业卖场的管理中，有研究表明，播放符合消费者购物规律的音乐比随意播放的音乐能够提高 15% ～ 20% 的销售量。卖场音乐有两个使命：一方面，音乐要将卖场的购买情境与周围的环境进行区分，营造出一种购物的情绪环境；另一方面，音乐在环境中要对其他的声音进行消减，主要是消除、消减其他的噪声，将自己独特的文化植入消费者心中。音乐既是良好购物环境的重要组成部分，也是一种有力的销售工具，还是一种品牌识别工具，它所发挥的功能和作用绝不亚于直投（Direct Mail advertising，DM）海报等销售工具的功能和作用。

星巴克店中统一播放的是精选的爵士 CD。通过声音，星巴克把不同的店串联起来——消费者进入不同的星巴克店，听到的是熟悉的背景音乐。这使消费者对星巴克的记忆方式，除了绿色美人鱼标记外又多了一种——美国爵士乐。星巴克把它所提供的背景音乐上升到一种听觉艺术的高度。

2010 年，一曲《老男孩》打动了很多网民，质朴温暖的旋律给我们留下了深刻印象，这首歌曲的演唱者——筷子兄弟，也以温暖治愈的大叔形象，逐渐走进大众的视野。然而，正当大家都认为这个组合将以深情歌曲继续发展的时候，他们却一改往日风格，创作出一首全新的舞曲——《小苹果》。很多人都以为《小苹果》是因广场舞而蹿红的，其实并不是，它是听觉营销的产物。2014 年，北京光彩影业传媒有限公司投拍电影《老男孩之猛龙过江》，因为没有知名演员参演，几乎没人相信这部片子能盈利。于是，在影片正式上映前，该公司在网上对《小苹果》进行了病毒式传播推广，因此《小苹果》得以成为“国民神曲”，受到了广大群众的喜欢和热捧，自然而然，电影《老男孩之猛龙过江》也取得了骄人的票房成绩。

触觉营销：为消费者留下舒适的触觉感受，影响其购买决策

触觉营销是指通过在触觉上为消费者留下难以忘怀的印象，宣传产品的特性并刺激消费者的购买欲望。为什么服装店店主会在消费者上门时强调可以随意试穿？为什么汽车 4S 店欢迎到店的消费者试驾？调研发现：有 49% 的消费者表示，坐在驾驶室、手握方向盘的感觉会成为他们购车的主要因素。触觉是 5 种感觉之中最本质的也是最直接的，直接关系着人们的体验感受，影响着人们的购买决策。

希尔顿连锁酒店在浴室内会放置一只造型可爱、手感舒服的小鸭子玩偶，小鸭子玩偶带给消费者的手感上的舒适正好跟希尔顿倡导的舒适理念相呼应，留给消费者一种深刻的体验，很多消费者都对这只小鸭子玩偶爱不释手，并想作为纪念带回家，希尔顿对此非常支持，因为这代表着希尔顿的舒适理念得到了最大化的延伸，这种收获远远超过一只小鸭子玩偶的价值。

嗅觉营销和味觉营销：气味与味道最易建立品牌识别度

据传，在20世纪第2个十年的一次国际博览会上，某酒作为中国名优产品参加了展出，但因为包装简陋，显得“土气”，并未引起组委会的重视。最后，代表们急中生智，拿起一瓶酒佯装失手，掷于地上。这一掷，“瓶”破天惊，奇迹出现了，浓郁芬芳的酒香立即飘满大厅，博览会的参观者们纷纷循香而来，展馆里一时人头攒动、热闹非凡。经过品尝，评委们一致认为该酒是参展酒中的顶尖好酒，直接授予该酒奖牌。

这是最早的气味营销，它是以特定气味吸引消费者关注、记忆、认同以及最终促成消费的一种营销方式，是对消费者嗅觉的刺激。

美国感官营销研究专家马丁·林斯特龙曾遇到这样一件事：一个叫奥利维亚的女孩辨认出去掉所有标识的A&F（美国休闲服饰品牌Abercrombie & Fitch）服饰竟然是通过闻气味的方式，这令许多人难以置信。美国研究机构专门做了一项研究，结果表明，人们回想一年前的气味的准确度为65%，然而回忆3个月前看过的照片，准确度仅为50%。味道、气味牵动着人的情绪与记忆，味道犹如一只温柔的手，触动消费者心底的一根琴弦，让消费者感到安宁、放松、舒缓，进而对购买行为产生影响。

手机品牌Sony Ericsson（索尼爱立信）曾推出一款使用时会发出淡淡清香、让人闻了可以平静的新款手机，韩国LG有“巧克力”之称的手机则会散发出巧克力香味，三星则在店内制造清甜的蜜瓜香味……这些都是对嗅觉营销的运用。

“吐鲁番的葡萄哈密的瓜，叶城的石榴人人夸，库尔勒的香梨甲天下，阿克苏的苹果顶呱呱，阿图什无花果名声大，库车白杏味最佳……”这是在“吃货”口中广为流传的“吃货民谣”，但是如何快速让消费者认可进而产生购买行为呢？

奔跑互动团队在孵化伯果儿生鲜电商初期，为了获取第一批用户，组建过一次品鉴会，当天他们把从原产地空运过来的水果分桌摆放，邀请身边的朋友、企业、客户、美食达人及媒体来品尝。

出于对口味的苛求，品鉴会为大家提供的哈密瓜和葡萄都是十分优质的，会场中的各类葡萄一颗颗如脂似玉，哈密瓜则个个硕圆。

大家一边品尝美味的水果，一边与伯果儿“果叔”进行很好的互动和沟通，“果叔”解答了大家很多疑问，同时又为大家讲述了伯果儿作为新兴生鲜电商，是如何克服传统生鲜销售的弊端，运用成熟的互联网模式和优秀的企业管理方法，把优质美味的特产水果和有机绿色、新鲜地道的产品送到大家的口中的。这次味觉营销为伯果儿赢得了第一批订单，而且时逢中秋节，之后又相继迎来了一批企业采购伯果儿产品作为礼品。

当前消费者在电视、杂志、报纸宣传与广告的猛烈轰炸下，视觉与听觉正逐渐麻木。此时，抓住消费者敏锐的嗅觉和味觉，用细腻的情感将产品与消费者联系起来，在细节之处打动消费者，能最大化地加深消费者对品牌的印象，起到差异化的营销效果，因为好吃的东西，一旦尝过，一辈子也忘不了。

本节导读

发现身边的大数据

认知大数据的 4 个特征

大数据营销的 4 个切入点

用好大数据技术，让精准营销真正落到实处

发现身边的大数据

在淘宝或者京东这一类电子商务网站购物时，很多人都有这样的体验：在浏览商品页面时，总会弹出一个广告栏推送相关产品。比如，你在查看怀孕书籍，广告栏会推送尿不湿、儿童玩具、儿童服装等关联信息，这些信息就像是专门为你定制的广告，会贴心地为你提供你所需要的商品推荐。这就是大数据精准营销的魅力——网站终端通过对用户浏览记录进行大数据分析，推测出其购买习惯和可能购买的产品种类，于是，你可能需要的产品就在你可能需要的时候出现在你的眼前。

沃尔玛超市通过数据分析发现，很多男士下班后会应妻子的要求顺便给孩子买尿布。于是，沃尔玛超市将啤酒和尿布摆在一起出售，很多男士在买完尿布后都会顺手买一瓶自己爱喝的啤酒，这使尿布和啤酒的销量同时增加。大数据精准营销运用得好，销售量的提升效果是立竿见影的。

营销专家菲利普·科特勒在2005年提出了精准营销（precision marketing）的概念，他认为企业需要更精准、可衡量和高投资回报的营销沟通，需要制定更注重结果和行动的营销传播计划，还要越来越注重对直接销售沟通的投资。简单来说就是5个合适：在合适的时间、合适的地点，将合适的产品以合适的方式提供给合适的人。随着近几年大数据技术的成熟，精准营销真正落到实处了。

认知大数据的4个特征

那么，什么是大数据呢？大数据具有4个特征：一是数据容量大，二是数据种类多，三是数据处理速度快，四是低密度高价值。在过去，企业要了解用户信息，要花一个月的时间发放4 000份问卷，但结果可能只得到200份有效问卷。而有了大数据的支撑，企业可以轻松精准地挑选出1%的VIP用户，在他们空闲的时间点向其发送问卷，3个小时内就可以全部回收，之后不用花费时间和人力去分析问卷，只需借助大数据分析技术，企业在第一时间就能清晰地看到各个维度的数据信息。

再以用户消费数据分析为例，之前数值化的消费记录信息只是单纯地反映用户对某样产品的偏好，而在大数据时代，用户消费数据能综合反映出用户的消费能力、消费兴趣点、支付渠道偏好等，这些数据清晰地传达了用户在消费过程中的方方面面的信息。掌握了这些信息，企业就能够更好地安排企业资源，带给用户更便捷舒适的消费体验。

有“大数据商业应用第一人”之称的维克托·迈尔·舍恩伯格指出：大数据的真实价值就像漂浮在海洋上的一座冰山，粗略地看只能看到冰山的一角，实际上绝大部分都隐藏在冰山之下。他在《大数据时代》一书中反复强调这样一个观念：大数据正在逐渐成为巨大的经济资产，可以说大数据是新世纪的矿产和石油，必将带来全新的创业方向、商业模式以及投资机会。中小企业一定要抓住这个投资机会，以免被时代抛弃。

美国学者曾对 179 家大型企业进行研究，发现采用数据驱动型决策模式的企业生产力普遍可以提高 5% ～ 6%。相对于传统的实物经济，数据经济愈发显示出其价值增值能力。亚马逊 CTO（首席技术官）威格尔就曾说过：“在运用大数据时，你会发现数据越大，结果越好。为什么有的企业在商业上不断犯错？那是因为它们没有足够的数据对运营和决策提供支持。一旦进入大数据的世界，企业的手中将握有无限可能。”

大数据营销的 4 个切入点

在营销环节，大数据能保证营销的有效性和精准性。企业的数据管理一般可以从以下 4 个方面入手。

1. 组建有效数据库

步骤：

（1）数据库建模；

（2）数据库管理与维护；

（3）数据标准化；

（4）数据匹配去重合并；

（5）数据属性补充；

（6）数据库核实与更新。

这一阶段的成果是让数据标准化、可识别化（唯一化）、高质量、属性完备，保证企业把营销费用的每一分钱都花在真实的用户身上。

2. 数据分析与数据挖掘

步骤：

（1）数据分析与数据挖掘；

（2）用户细分；

（3）用户流失预警分析；

（4）用户价值分析；

（5）交叉销售分析。

这一阶段的成果是实现营销目标的具体化、细分化（有针对性），提高营销反馈率，把有限的营销费用花在更有价值的用户身上。

3. 营销活动设计执行

步骤：

（1）营销活动设计与执行；

（2）线下互动；

（3）线下传播；

（4）话题打造；

（5）广告投放。

这一阶段的成果是通过“一对一”快速有效地将信息传递给目标用户，有效保证了营销活动的成功。优秀的营销设计和执行是营销活动成功的关键之一。

4. 营销活动管理评估

步骤：

（1）营销活动管理与评估；

（2）营销活动管理；

（3）营销反馈记录；

（4）营销评估分析；

（5）营销活动提升。

这一阶段的成果是提升营销活动效果，进一步提升 ROI（Return On Investment，投资回报率）。

有专家做出预测：未来的 10 年将会是一个大数据引领的智慧科技时代。在大数据时代，人们的思维方式需要随之改变，不能一味追求精确度、追求因果关系，而必须要承认混杂性，逐渐探索出各要素的相关关系。在大数据时代，人们的工作习惯也要随之做出改变，不能再凭借简单的数据便草率做出决策，而要综合掌控全方位信息，进而做出综合的判断。

有了大数据的帮助，企业能够更精准地进行营销决策的调整与优化，还能及时发现市场机遇，如新用户、新市场、新规律，并能及时回避未知风险、潜在威胁等。企业如何驾驭数据，利用数据驱动洞察业务，将是企业形成差异化竞争优势的关键所在。图 3-16 展示了数据化管理为有效营销提供支持的方式。

	01 组建有效数据库	02 数据分析与数据挖掘	03 营销活动设计执行	04 营销活动管理评估
关键步骤	数据库建模 数据库管理与维护 数据标准化 数据匹配去重合并 数据属性补充 数据库核实与更新	数据分析与数据挖掘 用户细分 用户流失预警分析 用户价值分析 交叉销售分析	营销活动设计与执行 线下互动 线下传播 话题打造 广告投放	营销活动管理与评估 营销活动管理 营销反馈记录 营销评估分析 营销活动提升
成果	数据标准化 可识别化（唯一化） 高质量 属性完备	实现营销目标的具体化、细分化（有针对性），提高营销反馈率	“一对一”快速有效地将信息传递给目标用户	提升营销活动效果
解决问题	把营销费用的每一分钱都花在真实的用户身上	把有限的营销费用花在更有价值的用户身上	优秀的营销设计和执行是营销活动成功的关键之一	实现ROI的提升

图 3-16　数据化管理为有效营销提供支持的方式

本节导读

裂变红包：通过用户分享产生“一传十、十传百”的扩散效应

话题流量：制造吸引眼球的话题，打造“爆款”

直播流量红利：打造留得住用户的直播营销

裂变营销：低成本的获客之道

互联网时代最典型的特征是信息过剩，这导致众多企业想方设法去争夺注意力资源，而注意力资源最为直接的表现就是流量。**流量，是所有企业最关心的问题，它是营销的基石，交易的前提，盈利的核心。**

在火车站旁边的小饭馆、小旅馆中，人们能深切地感受到流量的价值。这些地方的小饭馆掌握着足够的流量，所以不愁发展。

前几年，不少天猫卖家也是流量赢家，我有一个朋友在天猫卖袜子，8 元一包还包邮，他只需要努力增加流量，就能有稳定的利润。

流量是什么？流量是注意力，是一系列的行为，如打开网页、浏览网页、点击商品、添加至购物车、网上交易等。而从另一角度而言，流量就是用户。当我们说页面浏览量（Page View，PV）的时候，就是指用户浏览的次数；当我们说独立访客（Unique Visitor，UV）的时候，就是指用户数量；当我们说销量的时候，就是指销售数量。增加流量，就是获得用户，因为流量就是用户。

流量不是万能的，但没有流量是万万不能的。一个成功的电商网站或App，要形成有别于传统渠道的电商品牌，必须从花钱引流，转变为知名度、美誉度并逐渐扩增，最后能自动吸收流量，这是成功的要点。互联网从业者大多是采用先做流量，再寻求变现的方法，最后做大，腾讯、淘宝、360、百度都是如此。

无论卖什么产品，无论用户是谁，只要手里握有巨大的流量，就不愁卖不出去产品，就不愁赚不到钱。运用概率学进行营销，即谁拥有了流量，谁就拥有绝对主导权、主动权。这就是流量思维。

流量的本质就是互联网用户的注意力，当企业源源不断地受到用户关注时，销量自然会随之增加，即流量会转化为商业价值。

裂变红包：通过用户分享产生“一传十、十传百”的扩散效应

在营销的过程中，很多品牌主因为自身公众号的粉丝太少，抑或缺乏运营，需要去找对应的“大号”（KOL，关键意见领袖）进行带动，然而通过“大号”获取流量越来越难，拥有真实流量的“大号”对于广告费用动辄报价几十万元，而且阅读成本也相应越来越高，某些微信“大号”的单次实阅读成本已经达到了5元或更高，而相关数据无法判定其真实有效性，更别谈追踪了。通过无数次营销活动积累的经验，奔跑互动团队策划了一套利用裂变红包的解决方案，它基于微信通过程序开发打造类似微信的页面，通过裂变，所有转发（分享到微信好友、微信群、朋友圈）此篇内容的用户可以获得随机的红包奖励，从而实现快速引爆，同时用户数据精准且可追溯，大大提升了投入产出比。裂变红包可用于推广微信文章、H5、小程序。运用得当，可以快速“吸粉”和实现高转化。

裂变红包的操作流程很简单，从分享获知开始，以分享结束，形成闭环裂变式传播，主要包括以下几个步骤，如图3-17所示。

（1）发现：用户从朋友圈、微信群或微信好友处收到裂变红包信息。

（2）阅读：内容可多元化设置（包括仿微信推文、H5、小程序）。

（3）转发：转发裂变红包信息至朋友圈、微信好友、微信群。

（4）通知：微信一级页面服务通知领取红包。

（5）领取：用户领取红包，红包金额随机。（可设置领取比例，比如只有 50% 的人可领取红包。）

图 3-17　裂变红包的操作流程

奔跑互动团队为联想、Jeep、LG、掌众财富等企业均打造了这种推广方式，取得了很好的投入产出比，传播效果非常显著。图 3-18 所示是裂变红包的优势。

图 3-18　裂变红包的优势

2017 年 10 月，奔跑互动团队为联想大客户部设计“转发有礼”的裂变红包，传播触达人超过 30 000 人，收集了超过 300 名大客户的姓名及电话信息，后期通过定向维护，实现了精准渠道拓展。

“双 11”大促期间，奔跑互动团队为联想商城打造“病毒”创意海报，通过“怒砍”裂变红包快速、广泛传播促销信息。裂变红包 5 小时内阅读量达到 157 436 人次，单次实阅读成本低于 0.5 元。

“双 12”期间，奔跑互动团队利用裂变红包设计，为掌众财富注册引流。通过“转发有红包”的形式，对“掌众财富携手冰上之星邀您共赏冰上视听盛宴”活动植入“病毒”因子。裂变红包直接设置在用户注册环节，用户通过注册可领取红包，以刺激用户注册。此次传播，共计获得 82 524 次阅读，每次阅读成本为 0.5 元。

裂变红包虽然充满争议，但只要严格按照微信方面的相关要求开发，就可以快速引流获客，比借力传统大号转播有效多了。裂变红包还可以设定金额限制，在页面描述中提醒用户红包是限量的，发完为止，促使用户尽快参与相关活动。

话题流量：制造吸引眼球的话题，打造“爆款”

无话题，无流量。在当今的大数据时代，影视明星们都清楚：除了需要作品傍身，还要时不时制造热门话题，这才是稳定人气的最好方法。影视明星的这套做法同样适用于企业，企业除了生产好产品，还得有制造话题的意识和能力。

链家刚进入深圳市场的时候，面临着众多房产中介的竞争。如何在不“踩压”同行的前提下，提升自己在当地的知名度？奔跑互动团队利用“知乎＋直播”平台，为链家策划了“拒绝套路”营销话题。策划团队通过寻找深圳租房者遭遇不良中介提供假房源、虚假信息等经历，吸引本地大号跟进，爆出行业痛点。链家顺势而出，为行业证言，坚持在平台出租的房源都是真房源，接受大家挑战，并推出了“黑中介之 36 计——拒绝套路 链家真房源”系列海报和链家聊天表情包。该知乎话题迅速登上当日热门话题排行榜，并在排行榜上持续 12 小时，知乎某大号的相关内容上了“买房”标签下的热门，链家某经纪人的回答持续三天排名第一。“黑中介之36计——拒绝套路 链家真房源”系列海报“刷爆”全国几万个房产经纪人的朋友圈。链家网房产经纪公司展开“你问我答”活动，活动全面拉升整体咨询量。

影片《湄公河行动》大火的时候，奔跑互动团队为博瑞云飞策划了“全民搜机热”的借势营销活动。《湄公河行动》中的无人机是以博瑞云飞的“云童”为原型的，因此策划团队在影片公映期间，全面实行品牌信息卡位，结合影片热议内容提升大众对影片中科技装备的关注度。策划团队通过抓取关键信息，定位精准目标人群，引发关注；通过SEO，强化品牌关键词，卡位网络信息，提升该品牌在无人机领域的影响力；借助“大V”资源特性带动网友互动，引发讨论；借助相关问题的延展，植入品牌内容，提升品牌知名度。最终，在《湄公河行动》公映期间的大量报道中，关于博瑞云飞“云童”无人机的报道如影随形。

通过话题讨论截获或者制造流量，是移动社交时代营销人员的必备技能。有实力的品牌可以自己制造话题，当然，最节省成本的方法就是借势营销。

直播流量红利：打造留得住用户的直播营销

近两年，“花枝招展”的主播们，如雨后春笋般涌现在映客、花椒、乐视、小米、微博、陌陌和优酷土豆等在线直播平台。据统计，2017年国内在线直播平台已经超过200家，平台用户总数量超过2亿人，同时进行直播的房间数量超过了3 000个，每日高峰时段同时在线人数接近400万人，市场规模已经超过了100亿元，预计2020年将超过1 000亿元。在线直播市场巨大，吸引了红杉、赛富、欢聚时代、金沙江、腾讯、360、光线传媒等企业。利用网红做直播抓流量，仍是线下高效获客的重要途径。小米雷军的直播发布会也成功地吸引了大量用户的眼球。

易车网 App 上线不久，奔跑互动团队为之策划了一场车展直播嘉年华活动，整合地区内知名网红资源，借势网红流量，对活动进行现场直播推广，曝光量累计达 1 502.3 万次以上，网友互动累计 21 000 次，评论关键词高频提及本次车展主题，极大提升了品牌及产品的知名度。将网红流量转化为 App 下载量和页面注册数，单个获客成本低于需求方平台（Demand-Side Platform，DSP）广告形式成本的 62%，获得了极高的 ROI。

如何打造能够留得住用户的直播营销，而不是单纯的昙花一现的眼球经济？奔跑互动团队曾与袋熊拍宝联合打造专业生产内容（Professional Generated Content，PGC）节目《古董那点事儿》，深耕内容营销，将直播营销做成了可持续运营的专业节目。《古董那点事儿》在花椒、美拍、一直播、虎牙同步直播，开播时同时在线观看人数达到 21 万人，总计观看量超过 141 万人次，获得超过 327 万个赞。优秀的内容策划和执行最终获得了平台的支持，虎牙、美拍在首页开设固定位置支持《古董那点事儿》。《古董那点事儿》以周播形式在直播平台上直播，如图 3-19 所示。

图 3-19 《古董那点事儿》

SEO，让用户自己找上门

本节导读

SEO 进程与规划演变

如何凸显 SEO 的优势

SEO 进程与规则演变

搜索引擎优化（Searching Engine Optimization，SEO），是很多企业的获客法宝。百度调整收录内容后，优化了对应的规则竞价，并规范了行业竞价和用词，一时间使依赖百度竞价获客的某些企业束手无策。此时，SEO 再度被重视。

其实，即使在信息爆炸的时代，SEO 也没有过时，用户在急需帮助的时候，依然会选择关键词搜索这种“古老”的方法。但很多时候，用户不是不需要搜索，而是搜索不到真正有用的信息。因此，有实力的企业要做的是，通过全面进行 SEO，让“劣币”不再驱逐“良币”。

回顾一下，SEO 发展到现在所经历的 3 个时代。

第一个时代，SEO 只属于 PC 端网站搜索优化的时代，操作者只需要通过白帽（使用正当手段对网站进行优化）和黑帽（使用作弊手段冒着风险对网站进行优化）优化手段对 PC 端网页进行优化，即可获得较好排名，并获取大量免费流量，竞争强度较小。

美国 Eagle Casual Wear 休闲服饰是一家以女裤为主导、以时尚女装系列为配套，集设计、开发、生产、销售于一体的服饰公司。1998 年，Eagle Casual Wear 开发了自己的网络商城，试图在网络上开拓新的市场，但当时团队只有 13 个人，除了两名客服人员，其余全部是技术人员，运营力不从心，几乎得不到网上用户的有效回应，每个月只有十几封咨询邮件。于是，公司聘请了一个专业 SEO 团队来优化网络商城，该团队通过对搜索关键词进行分析、URL 重写、搜索优化，使商城排名挤进了搜索引擎首页。经过 SEO 之后，网站流量得到了明显的提升，每个月的咨询邮件超过了 900 封，逐渐吸引更多人主动来交换链接。Eagle Casual Wear 的网络商城变得很有影响力，该公司的业绩得到大幅提高。

第二个时代，SEO 进入 PC 端和 WAP 端（手机访问）搜索优化的时代，操作者不仅要通过 SEO 技术提高 PC 端网页获得排名，同时还要做好 PC 端及 WAP 端网页自适应匹配，从而使两端关键词排名靠前，获得更多 PC 端和 WAP 端的免费流量，竞争强度相对较小。

《植物大战僵尸》这款塔防游戏很多人都玩过，它在 PC 端很成功，推出的普通版、年度版、Adobe Flash 动画缩减版，得到了全球玩家的大量好评。但是，移动智能设备刚流行的时候，《植物大战僵尸》在 WAP 端上的访问流量甚少。2014 年，宝开游戏公司请到专业的 SEO 团队，团队以 SEO 和口碑营销作为切入点，经过 3 个月的时间，对《植物大战僵尸 2》的 WAP 网站完成了包括内容、代码规范和下载链接的优化，大幅提高了 WAP 端网页访问流量。同时，增加百度前页关键词，其中有 10 个关键词在百度网站上排名第一。此前《植物大战僵尸》在网上存在一些负面消息，通过此次正面推广也做了引导优化。之后，《植物大战僵尸 2》很快就成了智能手机中的热门游戏之一。

第三个时代，SEO 进入 PC 端、WAP 端及 App 端（智能手机的第三方应用程序）搜索优化的时代，操作者不仅要使 PC 端和 WAP 端网页适应匹配获取排名，还需要应对来自 App 对流量稀释的冲击，研究针对 App 推广的应用商店优化（App Store Optimization，ASO）技术。伴随着自媒体的快速发展，微信公众号已经成为移动时代不可或缺的互联网流量入口，这就要求企业对微信社交生态圈的微信搜索引擎（Wechat Engine Optimization，WEO）进行优化，充分利用“微信指数”等工具作为参考依据，使自身产品不至于在自媒体平台落后于竞争对手，竞争强度较大。

企业在邀请乙方进行 SEO 时，不要听其一面之词，一定要看结果，让乙方用最终数据说话，在承诺的节点进行验收。图 3-20 所示为 SEO 的判断标准。

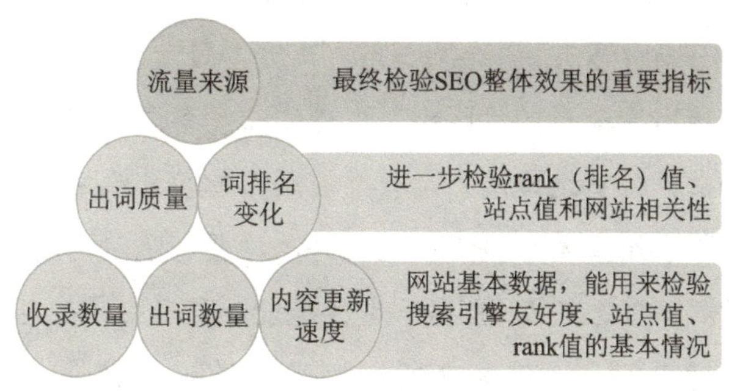

图 3-20　SEO 判断标准

对 SEO 而言，没有什么排名是做不到的，只是要做到而付出的代价是否值得，更多时候企业会理性地选择性价比高的方案，图 3-21 所示为 SEO 最重要的指标。

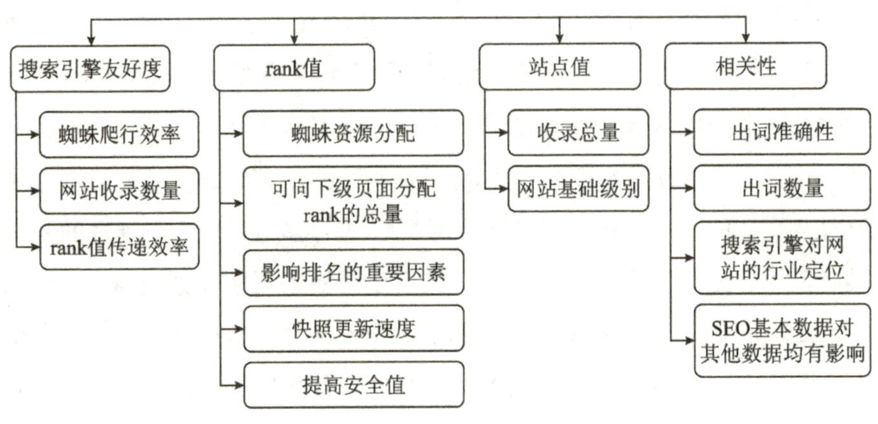

图 3-21　SEO 最重要的指标

如何凸显 SEO 的优势

SEO 能够帮助企业实现增加搜索引擎收录数量、高咨询量、转化率等核心目标，不过，SEO 实施具有一定的限制。

第一，流量重要，用户体验更重要

即使手握巨大流量的“巨头”也深知，没有做好用户体验和维护，是无法长期占据优势地位的。没有好的用户体验和流量，就不可能永远掌控流量。除了用技术手段维护流量外，还要有坚定为用户服务的心，要为用户提供优质的产品和服务。也就是说，SEO 必须要与产品、技术、内容、运营通力配合。图 3-22 所示为 SEO 的排名规则，即通过页面、rank 值、用户选择、相关性、站点值筛选形成最终排名。

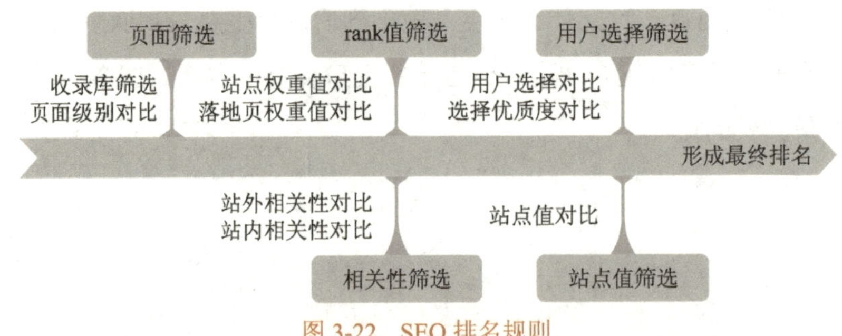

图 3-22　SEO 排名规则

第二，把 SEO 上升到策略层面

在进行搜索引擎优化时，企业的直接目标是超越竞争对手。比如，在网页的布局上利用左右栏目权重的差异和竞争对手比较；利用域名、根目录和网页目录的差异，较竞争对手提高在搜索引擎中的权重。总之，要根据搜索引擎的判别标准，在各项指标上超越竞争对手。图 3-23 所示为 SEO 执行策略布局图。

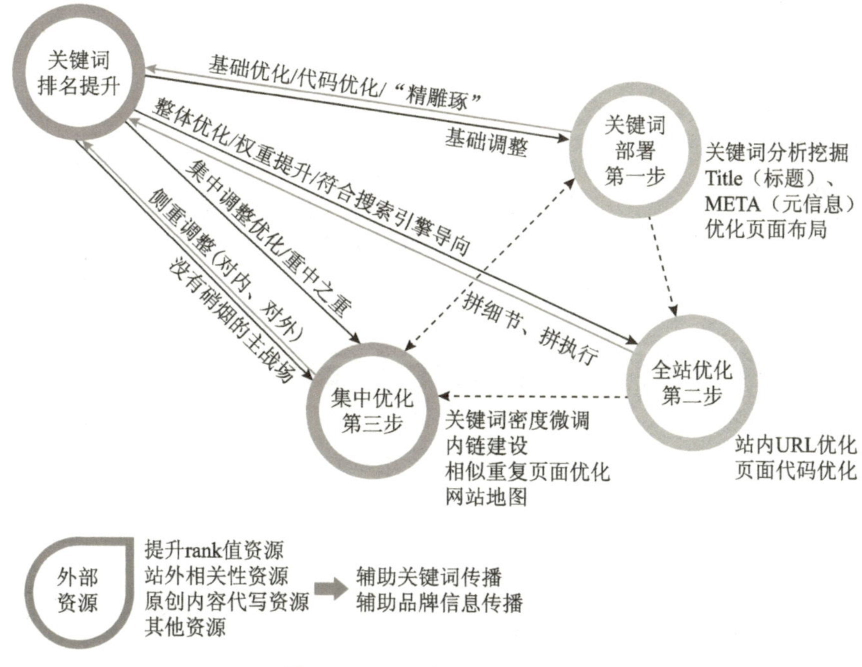

图 3-23　SEO 执行策略布局图

第三，搜索引擎的算法中，唯一不变的就是变

搜索引擎的算法到底有多少，估计没有人知道，因为每天都有可能诞生新的算法。搜索引擎的算法每年更新多少次，也鲜有人知道，但是更新的次数一定是非常多的。如果企业不想被淘汰，就要每天去研究新算法，去做试验，并用开放的心态接受各种挑战。

SEO 效果评估可以考核的指标如下。

（1）百度权重（目标 3 以上）；

（2）百度收录量（5 000 以上）；

（3）爱站百度出词量（30 以上）；

（4）外链数量（10 000 以上）；

（5）可根据用户需求对个别高转化词进行排名提升。

以上内容，均可通过第三方网站查询。

第四章

如何让营销更有趣

所谓新式营销，就是要把人们体验某种社会形象和心理角色的欲望和意识，作为一种市场动力，来塑造企业品牌形象，并以此引导和创造市场消费行为的一种营销方式。相对于常规的“饥饿营销”“网络营销”“悲情营销”，本章介绍的“三情营销”“借势营销”堪称迭代版的新式营销。

本节导读

把握消费者的情感需求，进行共鸣营销

充分利用三情：情感、情绪、情动

重视消费者

从过去的传统营销到现在的新媒体营销，很多企业觉得自己的品牌有各种水土不服的症状，总是很难适应新媒体大环境，自己做的广告效果总是不理想。原因在哪里呢？

把握消费者的情感需求，进行共鸣营销

《消费者行为学》一书的作者迈克尔•所罗门说过这样一句话：“把消费者当人看，而不仅仅是消费者的这一身份。”很多品牌的水土不服很可能是因为在新媒体环境下，企业对消费者存在一种错误的认知。

近几年，一些曾以严肃面孔示人的媒体相继开通微博，转而以活泼的形式对重大热点事件及时回应，在微博上很活跃，广泛受到网友的好评。

谈到军事、国防话题，人们心目中都会浮现一幅清晰的消费者画像：男性、严肃、一板一眼。如果将消费者局限于这样的形象，就可能会陷入认知误区，因为这些消费者除了上

述标签之外，还可能是一个可爱孩子的父亲，一个温柔女人的丈夫，一个和蔼老人的儿子，他们的内心也有柔软的地方，为什么就不能“萌萌哒”，为什么就不能亲切、活泼呢？

过去大量的营销实践把人当消费者看，而不是把消费者当人来看。某消费者调查显示，一个正常人一辈子对筷子的深入思考可能不会超过10分钟，但有些企业会组织一个团队反复讨论一双筷子的使用体验，在讨论过程中，团队成员会不自主地把自己切换到专家模式，这样讨论出来的结果是迎合消费者，还是背离消费者呢？

在传统营销时代，品牌的价值主要体现在产品属性、企业优势等方面。而到了新媒体营销时代，一切都不一样了，品牌强调的是情感、价值观和人格魅力展现。很多产品做得不错，也有口碑，却无人问津，原因就在于没有用情感打动消费者，没有在价值观上吸引消费者，没有让消费者展现出带有自我色彩的人格魅力。

情感营销是现今市场竞争中又一个有力的营销手段，成功的情感营销，不仅在产品使用上能让消费者愉悦，还能触发消费者的真情实感，打动消费者。情感营销，顾名思义，就是以消费者内在的情感为诉求，通过激发和满足消费者需求的情感体验来实现营销目标的策略方法，用好了能助企业更好地“开疆拓土”。但社会是发展变化的，情感营销也需要营销人员在具体工作中不断体会、更新、升华、与时俱进。情感营销从消费者的情感需要出发，旨在唤起和激起消费者的情感需求，引发消费者心灵上的共鸣。情感营销如同流水一般，看似轻柔，却无处不在，无坚不摧。生活中，一个人可以忘记许多事，而对情感震荡的某一时刻却常常难以忘怀。营销人员要寓情感于营销，让有情的营销赢得无情的竞争。

充分利用三情：情感、情绪、情动

现在，品牌与消费者的沟通看似越来越简单，企业仅靠微信互动平台就能及时连接所有消费者，可现实情况如何呢？

消费者身处一个信息爆炸的环境，从过去的被动接收信息逐步向主动获得信息转变，品牌单方面强硬灌输已失去了存在的根基，此外，商品同质化越来越严重，这些导致消费者和品牌之间横亘着一道坚硬的“信息屏障”，要想打破这道屏障，品牌方需要把握消费者的心理，拨动其最原始的情感之弦，进行共鸣营销。

2017 年，电影《战狼 2》异军突起，票房达 56.8 亿元，豆瓣评分达 7.2 分。《战狼 2》之所以能获得票房和口碑的双丰收，正是因为在社会化营销中实现了与受众“情”上的共鸣。

情绪

《战狼 2》中的一些台词，包括影片结尾出现的字幕“当你在海外遭遇危险，不要放弃！请记住，在你的身后，有一个强大的祖国！”，让人热血沸腾、激情澎湃。该电影中的每个桥段都设计巧妙，让观众释放了心底的情绪。

情感

《战狼 2》选在了巧妙的时间点上映，直接激发了人们高涨的爱国情感。

情动

《战狼 2》的出现弥补了人们心中缺失已久的男儿本色：热血的场面，铁骨铮铮的男子形象。很多人想当然地认为《战狼 2》这么火，一定是男性支持使然，而大数据分析显示，《战狼 2》的女性粉丝居多。她们被男主角的英雄形象深深吸引，积极热情地转发和评论，为《战狼 2》的高口碑做出了巨大贡献。

那么，在具体营销中，“三情”是如何发挥作用的呢？下文将详细分析。

情绪营销“434”口诀

“情绪”一直是营销行业的强大武器，因为消费者70%的购买行为是基于感性的情绪而不是理性的逻辑。

票房突破20亿元的《前任3》被誉为2018年国产电影第一匹票房黑马。很有意思的是，这部电影的票房虽高，评分却不高，豆瓣评分只有5.8分，这是为什么呢？人们理性思考之后就会发现，《前任3》的故事情节一般、演员演技一般、拍摄手法一般，所以专业评分不高。然而坐在电影院里，音乐响起的时候，在情节的烘托下，观众很容易把自己代入剧情，曾经错失感情的经历在不少观众内心激起了波澜，很多人看着看着就哭了，他们不是为了电影情节哭，而是为自己曾经的经历哭。《前任3》的高票房在于激发了目标群体的情绪，让他们的情绪借助电影得到暂时的释放。

最新的人类脑科学研究表明：大脑中负责理性思考的区域（新脑）和控制情绪的区域（中脑）不能同时工作，当人沉浸在情绪中的时候，

本节导读

唤醒4种情绪：高兴、恐惧、悲伤、愤怒

激活3种情绪反应：积极、消极、冲动

情绪营销的4项准备工程

就不会去理性地思考。

在与消费者沟通时，情绪元素运用好了，营销效果就能立竿见影。很多人都觉得现在的广告拍得越来越不知所云，不到最后的品牌语出来，都不知道广告在表达什么。那广告前面部分的内容在传达什么呢？传达一种情绪，比如洗衣液的背景总是阳光灿烂，让人心情愉悦；吃零食的一家人总是和乐美满，让人看了就萌生一种幸福感。这种情绪如果被消费者感知到了，营销效果自然而然就有了。

那么，情绪营销到底应该怎么来做？

一句话：唤醒 4 种情绪，诱发 3 种行为，做好 4 个步骤。

唤醒 4 种情绪：高兴、恐惧、悲伤、愤怒

常言道，人有七情，即喜、怒、忧、思、悲、恐、惊，事实上人的情绪远不止这 7 种。美国心理学家普拉切克曾提出 8 种基本情绪理论，即人有悲痛、恐惧、惊奇、接受、狂喜、狂怒、警惕、憎恨 8 种基本情绪，被心理学界广泛接受。而最近，美国加州大学伯克利分校的 Alan Cowen 和 Dacher Keltner 发表的新研究表明，人的情绪有多达 27 种类型：钦佩、崇拜、欣赏、娱乐、焦虑、敬畏、尴尬、厌倦、冷静、困惑、渴望、厌恶、同理心痛苦、兴奋、嫉妒、着迷、恐惧、痛恨、有趣、快乐、怀旧、浪漫、悲伤、满意、性欲、同情和满足。

人的情绪丰富而微妙，不过绝大多数心理学研究者比较认同人类具有 4 种基本情绪，即高兴、恐惧、悲伤、愤怒（即喜、惧、哀、怒）。在营销工作中，营销人员要特别关注并唤醒人的这 4 种情绪。

激活 3 种情绪反应：积极、消极、冲动

前文提及的这 4 种情绪会让人下意识地产生 3 种情绪反应。

第一，积极反应。高兴、快乐会让人乐于接受周围的一切信息。

第二，消极反应。恐惧、悲伤会使人的行为僵硬，进而拒绝周围的一切信息。

第三，冲动反应。过度的高兴和愤怒会让人产生冲动的行为，不假思索地做出选择。

苏宁易购在它成立 3 周年的时候策划了一个“玩大的”主题活动，将受众锁定为“80 后”，主打怀旧情绪牌，在电商单纯的价格大战中增添了一抹怀旧情绪，引发了口碑效应。在表现形式上，无处不在地刺激受众的情绪，比如，在活动页面上，主视觉运用了裸眼 3D 技术，用夸张的视觉表现手法调动年轻受众的情绪，让他们变得积极起来；另外，苏宁易购还推出了每天送出一台 iPad 的活动，这一活动设计激发了网友的参与热情，让他们变得冲动起来。

情绪营销的 4 项准备工作

在具体的情绪营销工作中，营销人员要做好图 4-1 所示的 4 项准备工作。

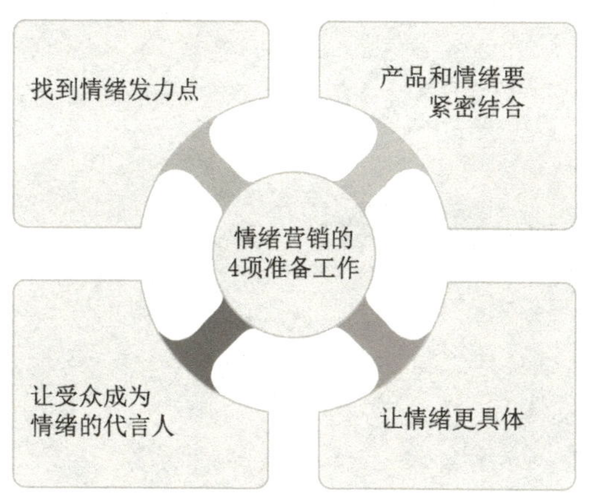

图 4-1　情绪营销的 4 项准备工作

第一，找到情绪发力点。快节奏的生活带来了很大的压力，人们需要找到一个尽情宣泄情绪的出口，需要去追忆、去感悟、去释放。有些影片找到了一个很好的情绪发力点，随后的营销工作便水到渠成。

第二，产品和情绪要紧密结合。迪士尼宣扬的是快乐的情绪，旺旺旗下的食品宣扬的是幸福的情绪，产品和情绪之间的这种紧密结合能让人产生购买的欲望，刺激消费者购买相关产品。

第三，让受众成为情绪的代言人。《吐槽大会》《奇葩说》火爆一时，它们成功的关键就在于内容是真实的情绪表达，嘉宾都成了受众的情绪代言人，受众在其中能找到自己的鲜明态度。

第四，让情绪更具体。“自嗨”“无病呻吟式”的表达方式不仅不能打动消费者，还容易让人心生反感。营销中要宣泄的情绪必须要结合当前的时代特点，必须要走进广大消费者的内心。

本节导读

亲情、友情、爱情——品牌情感营销的三大王牌

情感营销必备的三要素

品牌如何做好情感营销

亲情、友情、爱情——品牌情感营销的三大王牌

2012 年伦敦奥运会期间，宝洁把目光聚焦在母亲身上，创意性地以世界上最伟大的“母爱”为主题，推出了“为母亲喝彩”系列推广活动，以“Best job”主题电视商业广告进行引爆，继而展开一系列基于社会化媒体的互动活动，同时配合微博话题进行传播。

整个线上活动期间专题页面浏览量超过 850 万次，新浪微博搜索“为母亲喝彩”显示结果超过 153 万条，广泛地引起了受众的情感共鸣。宝洁通过一股温情风在竞争激烈的奥运营销大战中脱颖而出。

亲情、友情、爱情永远是人们的软肋。在营销推广中，将品牌与情感深度关联，在契合品牌理念与产品调性的同时，植入一股温情的力量，很容易引起受众共鸣，增加产品关注度，并能提升品牌的亲切感，这就是情感营销。

作为2017年时代都市剧的一匹黑马，《生逢灿烂的日子》以骄人的成绩完美收官，创下总计25天电视台黄金剧场收视率第一、网络播放量近20亿次的好成绩，乃至引发《人民日报》发声点赞，称其为“国民大剧”。

没有IP光环，没有流量明星加持，更不是大众喜闻乐见的题材，《生逢灿烂的日子》这匹黑马为何能冲出重围，获得人气、口碑的双丰收？

一部电视剧能受到观众的喜爱，一定不是偶然。奔跑互动团队作为电视剧《生逢灿烂的日子》的全程营销策划团队，在营销过程中做了一件事：一切营销围绕“情感”二字展开。

区别于常规话题和事件营销强行博取网友关注的做法，《生逢灿烂的日子》的营销方式紧贴该剧温情的情感基调，并将之渗透到剧情中，使传播内容不出戏，凸显内容品质感。

在营销宣传上，策划团队没有调用明星资源发声，没有采用制造话题、事件强行吸引观众眼球等生硬的推广方式，而是扎根剧情结合、分类整理经典台词，从京味儿调侃到人生金句，既让观众感受到老北京的人文风情，引发情感共鸣，又给观众以启示。

总归一句话，营销人员要将受众当成有血有肉的人来看待。

情感营销必备的三要素

不管看起来、多么强硬、多么冷漠的个体，都不可能脱离生长的环境而独立存在，在营销中，营销人员通过场景代入，更易找到目标受众的软肋，引发其强烈共鸣。要想做好情感营销，营销人员需要把握住以下几点，如图4-2所示。

图 4-2 情感营销必备的 3 要素

第一，找出目标受众的痛点。

有这样一个发人深省的故事：小王走在路上，看到一只青蛙。忽然，青蛙开口说："先生，请拍拍我的头，我会变成公主，我会给你一个拥抱。"小王把青蛙捡起来放入口袋，继续走。青蛙又说："请快拍拍我的头，我愿意永远陪伴你。"小王把青蛙从口袋拿出来看了一下，笑了笑，又放回口袋继续往前走。青蛙又说："怎么回事？你要怎样才能按照我的要求做呢？"小王把青蛙拿出来，对它说："我很爱我的妻子，我不会背叛她，但是，有一只会说话的青蛙，好酷。"

故事中的青蛙很尴尬，它没能打动小王，其根本原因是方向错了。很多情感营销没有效果是因为方向错了，以致付出再多的努力也是白搭。因此，在情感营销的前期策划中，第一步也是最关键的一步，就是找到目标受众的痛点。

第二，选择合适的情感主张。

人的情感元素有很多，有亲情、友情、爱情等情感，也有坚韧、顽强、不放弃等美好品质，还有梦想可贵、珍惜当下、不轻言放弃等情感主张。营销人员在进行情感营销时，要选择最易引发人群当下关注的、最能打动人的情感元素。

第三，品牌和产品属性要能跟情感主张紧密相连。

以奔跑互动团队服务过的企业之一——鱼跃医疗为例，其根据不同目标受众的特点，结合当月的节日进行了针对性的情感营销。5 月份围绕母亲节，针对 25～40 岁的人群，策划了"关爱妈妈"的情感营销活动；

6 月份围绕世界青年狂欢节，针对 21 ～ 35 岁的人群，策划了“关爱自己”的情感营销活动；7 月份围绕世界人口日，针对 35 ～ 50 岁的人群，策划了“关爱中年危机”的情感营销活动。

以“关爱妈妈”情感营销活动为例，奔跑互动团队采用当时流行的“三行情书”来作为用户在母亲节的情感抒发工具，激发用户参与活动，产生了大量的 UGC 二次传播，赢得了良好的口碑。

富有情感和亲情的互动 H5，加上持续不间断的“大号”助推，2017 年母亲节，很多人都在写鱼跃医疗发起的“三行情书”，参与者多达 201 756 人，微信覆盖追随者总计 3 080 万个，微信阅读量总计在 80 万次以上，鱼跃医疗微信平台粉丝增长了 10 万个。为了达到更好的传播效果，该团队将话题同步扩散至微博平台，微博覆盖追随者达 500 万人以上，网友自发产生相关内容达 4 屏，如图 4-3 所示。

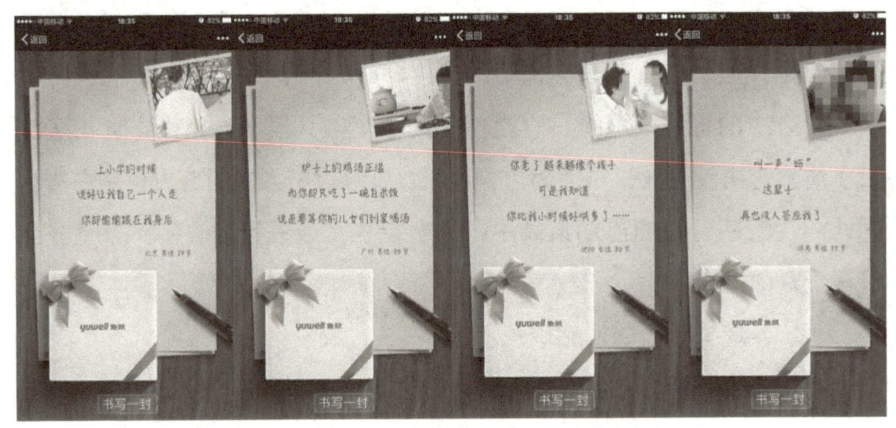

图 4-3 “三行情书”活动的部分内容

为了保证品牌最大化曝光，该团队特在母亲节的前一天率先开展母亲节活动，撰文引爆内容，联手百万级微信意见领袖以及生活、时尚、娱乐、健康类的 20 余个“大号”合推母亲节活动，软文直接与“鱼跃”品牌名称挂钩并包含官方二维码，为“三行情书”的 H5 页面导流。这篇推文被其他几十个微信平台自发转载，阅读量已逾 80 万次，参与“三行情书”活动传递爱的人数已超过 100 万人，让品牌有了更多的曝光量。

本节导读

将共情与营销巧妙结合，会带来意想不到的流量

共情营销的 2 个技巧

共情营销：照顾好消费者的自我实现需求

柏拉图说："情感是人类本质上的弱点。"

尼采说："最动人的美不做暴烈的醉人的进攻。"

从营销的角度来解读这两位哲学家的话，大约可以理解为营销人员所产出的作品既要动之以情，又要把握好度。

在移动互联网时代，人们每天被各种信息塞满，从信息爆炸的环境中抢占消费者几秒的注意力也变得越来越难。当营销人员忙着钻研如何用花里胡哨的噱头来博得关注的时候，是否考虑过创意、产品有没有满足消费者的基本需求？

将共情与营销巧妙结合，会带来意想不到的流量

共情，也就是同感、同理心等，是心理上的认同感。根据马斯洛的需求层次理论，人类的需求从低到高按层次可分为 5 种，分别是：

生理需求、安全需求、社交需求、尊重需求和自我实现（关乎梦想）需求。而这 5 个需求层次对应的是 5 个消费者市场。如何在需求众多的当下为品牌营销另辟蹊径？如今大众喜闻乐见的信息流广告接受方式是什么？接下来的内容从消费者心理角度出发，谈谈在注意力高度分散的跨媒体时代，品牌应该如何更好地建立与消费者之间的共情触点。

场景化共情

人不可能赚到自己认知之外的钱。大部分人的认知宽度都取决于自身所处的社交圈，每个圈子中的个体也都是与自身相似的人。也许马云、王健林的财富之路遥不可及，但身边亲朋好友的成功之路大家都会想了解一下。因为真实，所以相信，所以好奇。

身份认同感

“没有人是一座孤岛”，打开知乎、豆瓣、微信、微博，我们总能在某个兴趣主页里邂逅与自己观点相近的人。作为社会性动物，身份认同感能从很大程度上弱化人们的孤独感，这也是许多社区、社群建立的基础。联想作为中国 3C 巨头，其官网一直有一个“联想合伙人”的板块，消费者注册后通过分享联想活动、产品和优惠券能获得相应的奖励，而且“联想合伙人”的称号让消费者在分享产品相关信息时更有品牌认同感，以及和品牌一起成长、一起做大做强的成就感。

利益共情

这也是生活中最常见的共情营销。当受众对广告传递的信息产生认同感时，会很快地进行分享，尤其是以现金红包、代金券、积分、奖品等作为奖励的内容最容易获得受众的即时反馈。2018 年度关键词之一的“锦鲤”就是利益共情的最佳体现。人们对财富的渴望让利益共情的营销备受欢迎。

情怀共情

说到情怀，就不得不提到江小白，这个文案“戳心”、包装清新的小酒，不知从什么时候开始已经潜移默化地渗透到人们的视线中，电梯广告、地铁广告、荧屏荧幕作品中的软植入，甚至小馆子里的灯膜都是它那极富辨识度的卡通形象。开创性的表达瓶，一直被模仿，从未被超越。“酒里装着故事，心里装着你”“别把酒留在杯里，也别把话放在心里”，它的创新性沟通已然成为一种独到的标签。在这个竞争激烈的时代，每个人的生活压力都很大，人们面对工作、生活中的“一地鸡毛”，偶尔能被这类文案治愈还是很不错的体验。

视觉化共情

人类的大脑识别一张图像仅需 13 毫秒，因而在视觉传达上对图像画面、色彩识别度的要求极高。有些微信公众号就善于用图像解释社会、历史轻知识，还有的微信公众号用绘画的方式来解释与北京相关的轻知识和小道理，它们所拥有的百万以上的粉丝和 10 万以上的阅读量充分说明，图像的影响力在信息流中明显强于文字的影响力。

“爱豆”共情

爱豆是英文“idol”的音译，意为偶像，是粉丝对自己喜欢的明星的昵称。有实力的品牌大多会请明星做代言来助力营销，毕竟其粉丝的力量不容小觑，做好粉丝营销就等于自带一支口碑大军。但是选择的代言人一定要贴合品牌的文化内涵和所要传递的精神力量，流量只是带动话题热度的基本条件，而社会化营销才是将品牌和产品推广给更多消费者的必要条件。

共情营销的 2 个技巧

共情是在社会互动过程中广泛存在的心理现象，也是影响人们社会行为的重要因素。营销则是对资源的应用与转化，对社交关系的转化是其中重要的一环。消费者对品牌和产品从好奇到参与，再到熟悉并与之产生更多交集，社会化营销将品牌和产品融入这个关系建立的过程，其效果和影响力也十分明显。

要想做好共情营销，需要把握好尺度，也需要掌握以下必要的技巧。

1. 找准共情触点

每年年底支付宝年度账单都会刷屏并让我们扎心：账单居然比年薪还高？我哪儿来这么多钱？支付宝账单变相展示了个人购买力，契合人们的炫耀心理，因而很容易被传播起来。拥有同等效应的还有网易云音乐年度报告，该报告让用户回忆这一年有多少时间沉浸在音乐世界里，又有多少情绪起伏。对平台来说，只需要提取用户在平台的现有数据，就能让用户知道花在产品上的时间、金钱有多少，顺便提醒一下用户它们在其生活中有多重要。通过精准的共情触达，品牌能将产品的工具属性进一步升级为用户生活中必不可少的“伴侣属性”。

2. 共情营销要借用适合的载体

有些企业用不合适的载体对产品进行宣传，虽然吸引眼球的目的是达到了，但可能会引起舆论——一边倒地斥责，这是因为企业触犯了道德底线。这种营销就是把错的方法用在错的地方。为了避免共情营销带给人不适感，营销人员可以增加幽默成分，将共情与有趣结合起来。

情感营销如何做到品效合一

对于一个营销人员来说，最常听到的一句话肯定是：“你看看！别人家的……”

言下之意，又被比下去了。

近几年，借势营销已经成为各大品牌惯用的营销手法之一，每逢节日或事件，品牌的借势作品铺天盖地。碰到一个较大的节日或事件，各品牌主更是纷纷出击，希望搭便车，但很多作品犹如昙花一现，虽然蹭上了热度，却没有实质性的内容输出，效果注定一般。

在现在的市场环境下，每个企业都处于千军万马过独木桥的竞争状态，如何在热点来临时，凭借势营销一鸣惊人呢？

除了前文提到的要把握“三情”之外，在具体执行上，经过多年实践，奔跑互动团队总结出了营销效果立竿见影的“借势六式”：即时热点式、线下事件式、大众为本式、科普解密式、情感话题式、正能量宣泄式。

本节导读

即时热点式：紧追热点，将品牌传播力最大化

线下事件式：自制热点，吸引流量

大众为本式：让传播贴近普通大众的生活

科普解密式：寓教于乐，以科技力量引导消费

情感话题式：让消费者主动成为品牌代言人

正能量宣泄式：调动最高热情和关注的爆发力

即时热点式：紧追热点，将品牌传播力最大化

热点代表着关注度、影响力，抓住社会热点，将产品的推广融入消费者喜闻乐见的情境，使消费者在这个情境中了解产品并接受产品，这种方法能最大化地吸引消费者眼球，最大化地发挥消费者自身的传播力，潜移默化地引导市场消费。

紧追即时热点是借势营销的一个最常见的途径之一。

在“快营销”方面，不得不提“丁香医生”这个新起之秀，从2018年全网最强的刷屏级“丁香医生辟谣101条”在年末正面质问某健，丁香医生在大众的认知里已然不只是一个医学网站——通过专业评论明星、企业和热门话题，丁香医生已成为医学领域粉丝最多的意见领袖。任何与医学有关的热点新闻都能被丁香医生捕捉并扩大。刚调侃完高××“拔牙并不会让脸变小”，后面就操心刚晋升爸爸的薛××“不建议强行掰婴儿的手”。日常更文是停不下来的段子式科普，比如《一个科普：有钱可以延缓衰老》《做个科普，快速判断自己胖不胖，拿手捏就行》。事实证明，这种医生与段子手合体、科普中带点调皮的“反差萌”，非常受网友欢迎。

热点营销必做的功课是抓住每年的每个节日。以奔跑互动团队为梧州制药中华跌打系列策划的热点营销为例。

以“春节”为节点，团队做了系列海报，分别以小年、初一、初三、初五、初七实际发生的场景为主题，文案将“归家”“欢乐”“旅行”“团圆”“返程”等主题与中华跌打丸功效相融合，海报整体以手绘形式展现，传递给网民关爱父母、阖家团聚的情感，如图4-4所示。

图 4-4　梧州制药中华跌打系列春节热点营销海报

2018 年端午节和父亲节的时间相连，其借势海报便以大家都在朋友圈晒父爱为灵感，以在成长过程中跟父亲互动的场景为主题，体现婴儿、儿童、少年、青年 4 个时段孩子对父亲的祝福及感恩，并将 4 张海报组合成一张分享到朋友圈，突出该品牌所宣传的价值观——对父亲的爱最好的表达方式是你的关心，如图 4-5 所示。

图 4-5　梧州制药中华跌打系列端午节和父亲节热点营销海报

世界杯是举世瞩目的大热点，为此该团队做了专项传播活动。以“无惧跌打”为主题，展现足球队相关人员的风貌，结合中华跌打丸针对“跌打损伤、风湿骨痛”功效显著的产品优势打造专属活动。活动从平面到多媒体，从内部到外部，从静态到交互，从微信群到微信朋友圈，多角度、立体化地进行扩散和传播。朋友圈传播的海报以手绘形式展现，经咨询体育专业人士后确定球场各人员排位；文案则根据球场人员的分工，匹配相应的专属内容，并巧妙植入中华跌打丸适用的症状，如图 4-6 所示。

图 4-6　梧州制药中华跌打系列世界杯热点营销九宫格拼图

在营销工作中，借势热点谁都会，可借得出彩的并不多，不少企业天天紧追热点，但其效果并未达到理想状态，只是反响平平而已。在实际营销工作中，营销人员应该如何借助即时热点，才能保证获得最大效果呢？

迅速出击

即时热点的关键就在于“即时”二字，这就要求营销人员对热点的反应速度必须要快，天下功夫唯快不破，此时速度大于完美，热点事件通常情况下能够快速形成热搜，这就需要营销人员必须随时掌握各大搜索引擎的热搜榜单，第一时间找到契合自身产品特点的实时热点，并借助网络进行扩大式宣传。

内容创新

新媒体营销时代，得内容者得天下，内容的优劣直接决定着信息的传播广度。好的内容要满足 3 个要求：一是能对热点进行清晰的阐述，二是能引发网友的热烈讨论，三是能完美植入品牌内容。

确保抓取

内容虽好，如果不易被搜索引擎抓取，曝光度就会很有限。无论是大搜索引擎（如百度、360、搜狗）还是其他搜索引擎，其工作的原理是一样的，重点是对标题关键词的选取，这就需要营销人员在内容标题上多下功夫，设置好重要关键词，将内容最大限度地展现在用户搜索结果页中，获取更多的展现机会。

多方联动

热点营销，绝对不仅仅是一张海报、一个创意、几句“戳心”文案，而是一个组合，多方联动才能产生几何效应。

线下事件式：自制热点，吸引流量

即时热点是可遇不可求的，且热度持续时间很短，一个热点的热度也就维持 1~2 天，甚至可能就一个上午。因此在日常营销中，只靠即时热点来营销显然不够，这就需要营销人员制造线下事件，即自己制造热点来吸引大众眼球。

“快闪”是近年来颇为流行的一种都市时尚文化。一群基本互不相识的人通过社交网络或社群约定好地点和时间，一起载歌载舞或进行其他吸引关注的行为，然后迅速离开。因其来去如闪电一般，故得其名。快闪作为一种酷炫的行为艺术，很受年轻人推崇，很多“90 后”“00 后”表示，如果活动本身设计得有趣，自己十分愿意参加。无疑，快闪是一种吸引流量的重要手段。

世界上最大的移动电话公司之一——T-Mobile（T 移动公司），就是最早利用快闪炮制线下热点的高手。T-Mobile 曾经制作了一系列以“分享快乐生活”为主题的快闪营销活动，如地铁快闪群舞等，该活动视频上传至知名社交网络后，得到了疯狂传播。其中影响最大的要数“伦敦地铁快闪舞”。2009 年 1 月 15 日上午 11 点，伦敦利物浦站的大厅突然响起动感背景音乐，候车人员正诧异的时候，有人开始跳起舞蹈，随后越来越多的人加入，舞种则由街舞变为多种舞种。前后有 400 来人加入，场面甚是惊人。整个过程持续了将近 3 分钟，就在群体氛围达到最热烈的瞬间，音乐突然停止，人员快速四散而去，大厅转眼恢复正常。留下兴奋的路人一脸迷惑：这个短暂的舞会究竟是什么目的？谁组织的？围观的人显然被这突如其来的集体行为震惊了。那些没有参与跳舞的人，也忍不住拿起手机、照相机拍下了这一幕，并主动分享到自己的社交账户，“伦敦地铁快闪舞”就这样引发了 1 500 多万次点击和阅读，网友的讨论、留言更是不计其数。同时，当地权威媒体，包括数十家报纸和电视台，自动对这一事件进行了集中报道，引发了社会全面讨论。 公众、电视媒体、报纸媒体、社交网站、广播、博客、论坛等的集体讨论，让 T-Mobile 成为舆论焦点。 而 2009 年正值全球金融危机，经济的不景气导致人心惶惶，这时候一场欢乐的歌舞，能让人们从压抑的现实生活中暂时解脱出来。T-Mobile“分享快乐生活”的广告语在这特殊的时刻，异常走心，吸引用户自动参与快闪活动，并且主动将之分享到网络，广泛地引发了用户的讨论，这样低成本大轰动的营销无疑是经典之作。T-Mobile“伦敦地铁快闪舞”由此获得了 2009 年英国最佳电视广告大奖。“伦敦地铁快闪舞”这一线下活动，不仅为 T-Mobile 吸引了流量，还为 T-Mobile 赢来了大批订单。2009 年，在竞争对手业绩普遍惨淡的情况下，T-Mobile 的销售额同比增长 52%，网络订单同比增长 20%。

小结一下，要想“引爆”线下事件营销，策划时需要做到以下 4 个“保证”。

保证有爆点

事件营销必须有简短且辨识度高的主题词贯穿始终，还要有强化统一的视觉符号，便于大众口口相传和媒体展开报道。

保证有卖点

事件火了却没人知道打造这个事件的品牌，这是一件非常尴尬的事。因此在事件营销的整个过程中，企业必须紧紧围绕自己产品的核心卖点，这样才不至于为别人作嫁衣，营销活动才能落到实处。

保证有槽点

很多营销人员看到有人吐槽就很开心，为什么？有人吐槽才有互动，活动也才有热度。因此，在事件营销过程中，营销人员要有意识地埋一些槽点，在控制受众吐槽方向的前提下，吸引“段子手”、网民都来参与讨论，以保持话题热度，最后“收割”流量。

保证有事件节点

正常的事件营销最好安排在周二到周四，因为这段时间大部分人都在上班，有空闲吐槽，而在周末休息时间发布话题一般容易遇冷。竞争型话题最好选在周四，这样竞争对手很难迅速在周五做出反应，可以最大化地、不受干扰地推进自己的营销步骤。当然，营销费用充足的重大营销活动则要选在周末。

大众为本式：让传播贴近普通大众的生活

在营销推广中，营销人员常常强调关键人，强调强影响力人士，其实，反其道而行之，适时关注一下普通大众，效果也会非常好，毕竟，普通大众的基数大，1 亿个人里，只要打动其中 1% 的人群，就能获得 100 万的关注度。

2018 年世界杯，法国队成功夺冠，朋友圈和微博纷纷被华帝刷屏。7 月 16 日法国夺冠当天，华帝的微信指数暴涨 3 016.96%，其微博迅速登上热搜榜单，其股价则最高上涨 9.93%，逼近涨停。

世界杯期间，各大品牌重拳出击，华帝的品牌知名度和其他大品牌的知名度相比并不占优势，但华帝最终靠“法国队夺冠华帝退全款”的创意异军突起。据说其创意来源于一条新闻：在英超利物浦效力的埃及球星萨拉赫一直表现神勇，于是沃达丰埃及电信公司宣布，萨拉赫今后每打进一球，所有用户都将获得 11 分钟的免费通话时间。

“法国队夺冠华帝退全款”营销活动之所以能够取得成功，一个重要的原因在于活动设置采用双重驱动：一是利益驱动，活动形式是现金返还，最高返还 5 000 元；二是趣味驱动，把活动跟一个未知的结果联系到一起，充满了悬念。“有趣 + 有利”，使活动成功激发全民关注和参与。可见，吸引大众广泛参与的营销活动，必须有足够“诚意”。

大众为本式营销比较适用于快消、日化等用户较多、产品同质化严重、渴望引起情感共鸣的企业。

科普解密式：寓教于乐，以科技力量引导消费

如果企业属于高精尖行业，有一定的技术壁垒，卖点不常见，或者产品涉及不为大众所知的知识或内容时，科普解密式的营销方式就比较适用。

孙杨奥运夺冠的时候，有一条微博在各种为孙杨热情加油的微博中特别亮眼：“# 哥家的奥运健儿 # 为孙杨喝彩的同时，GE 很自豪我们也拥有一位奥运游泳冠军——丹 • 凯切姆，2004 年雅典奥运会为美国赢得男子 4×200 米自由泳接力的金牌，现为 GE 航空集团制造流程负责人。如今，他和曾经也是游泳队员的妻子育有两个孩子，女儿已经初显排球天赋。让我们期待‘哥二代’登上奥运舞台！”

GE 利用自身品牌高科技的特点，结合奥运的体育项目和运动员，在微博上开展了“GE 奥运看门道”“哥家的奥运健儿”等一系列利用科普

进行互动的微博话题，讲述奥运中不为人知的科技运用知识，与网友进行问答互动，寓教于乐地宣传了 GE 的悠久历史与科技实力。

期间，GE 还与不同行业的对标企业进行互动，如“@可口可乐”等，加深用户对于 GE 科技行业巨头的品牌地位的认知。

说起科普解密式营销，史玉柱可谓国内“头号玩家”。在脑白金之前，史玉柱投入大量资金推广脑黄金，结果失败了。在脑白金产品出来之后，史玉柱一改过去的做法，开创了科普解密式软文推广方式，用不足 50 万元的启动资金，在短期内快速占领了市场，2001 年创下单品销售额 2 亿多元的成绩，且在短短 3 年内，年销售额就达到了十几亿元，在保健品营销领域创造了一个不可超越的神话。《不睡觉，人只能活 5 天》《女人四十，是花还是豆腐渣》《人类可以长生不老吗》等打着科普旗号的软文，一度成为行业中的经典之作。

而史玉柱的这种做法，瑞典的利乐公司早在 1995 年为全面进入中国市场就做过。利乐包装早已在欧洲发达国家被广泛应用于食品、饮料、乳制品、酒和食用油等行业，而当时在中国尚未被广大消费者认可。

如何使中国消费者重视利乐产品呢？如何使消费者了解利乐包装的优点从而改变过去的购买习惯，改买利乐包装的产品呢？如果仅介绍利乐产品的科技含量，效果可能仅仅是使消费者知道新一种高科技含量的产品，未必能引起消费者对利乐产品特别的重视，也不见得能促使消费者改变购买习惯。于是，利乐公司选择间接科普。利乐公司在中国超过百家报纸上发表了一篇生动形象、通俗易懂的软文——《怎样喝牛奶最有营养》。软文对巴氏消毒法和其他包装方式做了颠覆，最后道出自己的营销目的：“当您把牛奶取回家放进冰箱后远非万事大吉。作为一个消费者，不仅应该对在常温下（即不是从冷藏箱中）出售的鲜牛奶提出异议，更应该注意选择消毒和包装更为合理、先进的利乐砖无菌包装的消毒牛奶。”这篇短小精悍的科普文章为中国消费者普及了关于怎样喝牛奶才最有营养的相关知识，为利乐公司打开了中国市场。

科普解密式营销过去在营销中自成一派，营销效果颇好，不过在新时代，利用科普解密式营销需要在叙述方式上灵活化，语言要与时俱进、接地气，一本正经地科普知识，容易吃力不讨好。

情感话题式：让消费者主动成为品牌代言人

不可否认，营销的本质是影响消费者的行为，但没有哪家企业能以一己之力改变消费者行为，营销人员能做的就是向消费者抛出一个触发点，引发消费者之间的连锁反应和互动效应，让消费者影响消费者。而这个触发点能不能起作用，关键就在于它能不能引起消费者的情感共鸣。

在营销推广中，制造情感式话题，让消费者主动成为企业品牌的代言人，已成为一种有效的营销方式。

2011 年，奔跑互动团队成功实施了拜耳重和林（包括重和林《我爱医生》《我爱护士》视频营销）、思密达蒙脱石散（包含“老天腹泻”事件营销）、优思明等网络口碑传播项目。其中，重和林的产品经理因项目的开创性营销模式，被《医药经理人》杂志采访——采访稿《重和林：红海搏杀》刊于《医药经理人》2011 年第 9 期。

当时，拜耳医药新药品重和林在国内上市，因在中国知名度低且竞争产品处方占比大，拜尔医药希望通过突破传统营销手法来吸引医生群体的关注，团队提出以动画视频作为传播手段，以医患关系、不听医嘱为切入点，从“最懂医生的酸甜苦辣”为情感突破口，替医生“发声”，从而达到情感共鸣，迅速拉近产品与医生的情感距离。

《我爱医生·〈春天里〉版》视频巧妙借用当年春节晚会旭日阳刚演唱歌曲《春天里》的火爆热点，通过改写歌词，道尽医生群体的辛苦与心酸，快速抓住了目标人群的情感注意力，如图 4-7 所示。

图 4-7 《我爱医生·〈春天里〉版》视频截图

后续事件也被《医师报》《医药经理人》等行业媒体专题报道，继而策划团队又针对内分泌医生群体策划了专属互动活动，活动视频作为拜耳医药代表和医生之间的黏合剂，后来被一些医院作为内部视频播放，一段时间内成为医生群体之间的热议话题。活动视频火了之后，奔跑互动团队又及时推出一体化方案评说，通过互动评述环节强化活动理念的传递。在《我爱医生》项目实施过程中，结合网络视频的传播，重和林项目组推动了 1 000 场科室会，《我爱医生》网络视频成了科室会的敲门砖，医生代表纷纷反馈这是他们做得最轻松、效果最佳的科室会。

当今时代，人人都有强烈的倾诉欲，人人都想找个机会发出自己的声音，这成了情感话题式传播效果的保证。在具体的工作中，进行情感话题式营销要把握以下 3 个基本原则。

话题必须要有传播性

一个能引起消费者兴趣的话题，是从海量的信息中挑出来的，这就要求营销人员在话题上要多花心思，可以适当地采用幽默、争论等多种形式设置话题，以吸引人们关注话题进而围绕这个话题展开讨论。

围绕话题进行多方面宣传

网络时代，话题层出不穷。一个话题抛出后，如果不利用多种媒体形式进行持续报道，很有可能没多久就会石沉大海。这就需要营销人员尽可能将一切可以利用的资源利用起来，为这个话题持续提供更多的营销助力。

推出后续的延展话题

喜新厌旧是网络时代人们的通病，有后续话题的支持和跟进，整个话题营销工作才有可能持续较长一段时间，也才有可能保证营销的整体效果。

正能量宣泄式：调动最高热情和关注的爆发力

2017 年 8 月底，腾讯公益制作的一个关于“小朋友画廊”的 H5 在社交媒体上强势刷屏。

据了解，这原本是腾讯公益计划在 9 月 1 日线下互动站点发布的活动，没想到合作伙伴的一次“意外泄露”，让腾讯公益收获了巨大的社交传播声量，并带动助捐速度加快。

“小朋友画廊”掀起的涟漪从媒体 / 自媒体跟进的热情可见一斑：自 8 月 29 日早 8 点至晚 7 点，关于该话题的信息在微信和客户端上共有 283 条，其中微信上有 237 条，比例为 83.75%；客户端上有 46 条，比例为 16.25%。

在话题讨论的热词中，“腾讯公益”被提及的次数最多（580 多次），其次为“自闭症”（530 多次），而“艺途公益基金会”被提及的次数为 300 多次。在传播路径方面，以分享扩散为起点，自发传播、媒体跟进、官方回应等构成了传播关键节点。

在各界的强势关注下，从 8 月 28 日活动“泄露”到 8 月 29 日下午 2 点多，1 500 万元善款目标便已完成，参与人数超过 580 万人。

“小朋友画廊”体现的就是正能量的爆发力。

每个人的心里都有一个英雄梦，希望自己有能力帮助他人，也正因如此，面对这类事件，人们会非常热心地去关注，会积极地去分享、去参与。有些微信文章也正是利用这一点唤起人们强烈的震惊、悲悯和愤怒情绪，由此获得大量的转发。

在营销推广中，营销人员可以巧妙利用这种正能量宣泄的方式。

打造以品牌为主导的爱心公益事件

营销人员可以以品牌为主导打造爱心公益事件，比如，为山区儿童送棉衣、为失独家庭送温暖等。对于这样的公益事件，企业只要找好事件本身与品牌自身的切合点，无须进行过多的品牌宣传，就能取得良好的营销效果。

一直以来，很多大品牌企业都在做自己的公益活动，无论是关爱渐冻人还是贫困人群或其他，公益都在不同程度上体现着一个企业的核心价值。公益作为一种途径，起到了承载企业履行社会责任、推动社会良性发展的作用，随着新媒体的发展和日益成熟，公益逐渐成为企业文化的一部分，并成为企业履行社会责任的重要载体，为受众带来切实利益的同时，也传播了企业的社会责任理念、战略和企业文化，进而使企业获得认知、认同和支持。

2017 年世界呼吸日，奔跑互动团队携手鱼跃医疗开展了呼吁健康呼吸的“行走 2 公里”公益活动，借由企业和新媒体的力量，实现了公益活动号召力和影响力的最大化，取得了良好的社会反响。通过复盘鱼跃医疗系列项目的成功经验，营销人员将新媒体时代下企业传递社会责任的正确方式及新趋势总结为如下 4 点。

1. 做看得见的公益，精准帮助相关群体

区别于传统公益活动中倡导大家捐钱捐物的方式，新媒体时代背景下，很多品牌开始凭借自身平台倡导行为公益，如 ofo 的公益骑行、支付宝的蚂蚁森林。类似的公益项目虽具有一定趣味性也易于大众参与，但带来的公益成效的可视度不是很高，且对受众现状的改善效果也比较有限。

需要通过公益途径来获得帮助的人群有很多，如残障人士、贫困人

群等，鱼跃医疗结合自身产品优势，将公益受众锁定为尘肺病人群，携手“大爱清尘”共同展开了“行走 2 公里”大型公益活动。早在 2011 年，鱼跃医疗就与“大爱清尘”建立了合作关系，基于鱼跃产品品质的有口皆碑和鱼跃集团致力关爱生命健康的品牌理念，多年来双方一直携手为尘肺病患者提供帮助。

尘肺病是一种不能治愈的职业病，患者多为煤炭工人、电焊工人、隧道工人、雕刻工人……他们长期处于充满尘埃的环境，使肺部大量沉积灰尘并最终致病，且病情会持续升级，合并感染，恶化为心肺病、呼吸衰竭而致死，为患者带来身体和心理上的双重折磨。既然是不可治愈的疾病，就需要源源不断的公益力量来改善患者生活质量，仅靠社会各界爱心人士的帮助，力量微乎其微，因此企业的公益优势凸显无疑。

借由“企业 + 平台 + 新媒体”的力量，“行走 2 公里”公益项目获得了空前大的声量，一时间成为全民参与的现象级公益项目，尘肺病患者人群也被拉进大众视野，并为大众熟知。

2. 公益不是“走马观花”，而是“生根开花”

有人说，慈善与公益的区别是：慈善在于给予，而公益在于参与，用心和时间付出点点滴滴的行动。在新媒体时代的企业社会责任传播中，企业应当扮演组织者、协调者、推进者的角色，而不是走马观花式的表演者，公益不是作秀，企业而应当以共同体的方式履行社会责任，进而带动大众参与。

2018 年大火的某喜剧电影中，有一个精彩的桥段：男主角设计出一个奇特险种——脂肪险，花 1 块钱就能为脂肪上保险，保险公司以每克脂肪 1 元钱进行赔付，也就是说，人们每减掉 1 千克脂肪就能获得 1 000 元赔付，这款保险在电影中反响热烈。这个桥段虽然荒诞，却道出了公益项目传播所必需的要素——大众化。奖励机制合理和可操作性强是大众化传播的两大要素。在人们的固有印象中，减脂是需要不断鞭策、鼓励自己的过程，很沉重甚至很痛苦。但是该电影中将减脂和赚钱这两个矛盾的概念结合在一起，让大家能够快乐且主动地减脂，顺便还能赚钱，这不失为娱乐带给公益的一个新灵感。

对于绝大多数人来说，通过运动减掉 1 千克脂肪并非难事，效果可视化，且可操作性强，这就利于大众广泛传播，也因此有了全民参与的核心基础。鱼跃医疗以捐步和公益手势的“行为公益”为落脚点，也同样取得了全民参与的传播效果。对于受众而言，步行 2 公里就能成为公益项目的一员，既能锻炼身体，又能贡献力量，且该活动形式简单，利于多次传播。

作为“行走 2 公里”活动的策划者和执行者，鱼跃医疗用品牌自身的科技特色，为尘肺病患者开启了健康呼吸的通道，与“大爱清尘”一起走进深山，将制氧机带到尘肺病患者身边，为他们提供急需的帮助，并在当地设立长期的康复站，从基础设施上改善尘肺病患者现状。鱼跃医疗董事长吴光明与“大爱清尘”创始人王克勤还同时在社交媒体发布活动消息，号召企业员工、品牌合作伙伴等共同参与公益接力。

由此可见，企业的社会责任终归得依靠企业或团队内部每个成员的履责来实现，鱼跃医疗和“大爱清尘”的负责人通过亲身参与公益项目，并通过对基础知识的普及、责任实践的说明，对公益项目和企业社会责任的传播起到了至关重要的积极作用。

3. 公益可以娱乐，但本质必须是助人

近年来，越来越多的品牌开始在公益项目上发力，在履行企业社会责任的同时，更期望以此提升企业的品牌形象。

再说回前面提到的某喜剧电影，影片中的一首插曲如今已经成为脍炙人口的“神曲”，响彻各大健身房或运动场所，堪称自带“病毒传播”属性。“病毒传播”之所以被称为“病毒”，是因为其内容具有自传播力，且在媒介的助推下更容易裂变扩散。该歌曲节奏自带记忆点，简单易学、朗朗上口，听几遍就能不知不觉学会，并且让人不自主地唱出来。而此次鱼跃医疗发起的“行走 2 公里”活动中的“行为公益”也得益于同样

的原理，该公益活动通过精准的洞察，将内容切入有共鸣的原始分享人群——社会爱心人士，并借助新媒体的力量广泛传播。

基于日趋成熟的移动通信、移动互联网等技术，以及智能手机等移动终端的广泛普及，公益项目摆脱纸媒宣传或互联网传播模式，转向移动化是趋势所在。“行走 2 公里”的互动形式就很新颖，“行走 2 公里”通过“行为公益”的方式让公益项目充分“接地气”：走路就能做公益，让大众意识到步数就是金钱，让大众在热心参与公益的同时，还能侧面响应国家对于全民健身的号召，又能加深大众对尘肺病的认知，可谓一举三得；同时，活动为大众提供了捐步或捐款的双重选择，让经济拮据但想参与公益的人也能贡献力量。

该项目的点睛之笔是辨识度和可操作性极高的公益手势：掌心向外，遮住口鼻，屏住呼吸 10 秒，去体会尘肺病患者的痛苦。这为活动带来了二次传播的效果。炫示心理使大众乐于将公益手势的自拍照晒到社交平台，从而引发爱心接力，促进活动规模的裂变，让多元的公益形式为尘肺病患者带来更多的帮助。

4.“新媒体 + 行为公益”，用爱心连接品牌与消费者

基于大众信息获取习惯和方式的变化，奔跑互动团队选择将鱼跃医疗品牌社会责任内容以视频的形式加以传播：将公益活动执行的细节、受众反馈、公益项目即时和长效成果以视频的形式记录下来，并展现给社会大众，让“行走 2 公里”公益项目取得了可喜的成绩，也让鱼跃医疗品牌真正走进了大众心中，实现了“鱼跃，让家更愉悦”的品牌理念和战略进一步落地。

移动互联时代，在数据和技术的加持下，公益与大众之间的距离前所未有地贴近，许多能引发众人参与的公益事件都是得益于移动互联网。富有创意的主题、丰富的表现形式，在满足人们社交需求的同时，也为公益创造了奇迹。作为移动营销领跑者，奔跑互动团队也正是借由各种形式的新媒体矩阵传播，才取得了“四两拨千斤”的效果，以理想的预

算为企业责任传播和公益项目带来最大的声量。

以品牌的名义在一些事件中率先呐喊助威

营销人员可以在一些事件中带头呐喊助威，比如，在 2018 年世界杯 E 组第二轮巴西对哥斯达黎加的比赛中，球场边上赫然出现了“2022 雄起，我们等你”的广告牌。中国足球在本届及历届世界杯中的不佳表现，让球迷们对主场优势充满期待。百威啤酒推出的这句标语让中国球迷们几乎泪奔。这类活动的传播率非常高。

第五章

如何让营销更有保障

随着新闻跟帖、论坛、博客、微博、微信、知乎等一系列新媒体社交平台的出现，网民们有了空前的话语权，可以较为自由地表达自己的观点与感受，于是，Social WOM（社会化口碑营销）监宣控体系就成了各方营销的主战场。

评论营销：别让评论“杀死”品牌

如果要评选出国内的一个手机巨头，很多人会脱口而出：“华为。”关于华为手机性能强、体验好的评论随处可见，这与华为的口碑舆论管理不无关系。

市场竞争激烈，竞争对手的恶性竞争和负面舆论，是困扰品牌的核心难题之一。与其被动公关，不如主动管理，华为的做法无可非议。

社会化媒体时代让手机成为人们生活中必不可少的一部分，社交媒体“绑架”了每个人一天中的大部分时间。身处全民社交时代的企业，要解决的不是如何让营销社交化，而是如何在社交化的世界中生存。

基于开放和分享的特性，信息不对称的程度降低，互联网促成了一套新的价值发现机制：消费者拥有更多的信息搜寻、选择、评价和分享的权利和能力——网络搜索让边缘产品起死回生，造成“长尾”效应；好评可以通过分享机制造就“爆品”现象，差评则足以让自以为是的制造商血本无归。

随着新闻跟帖、论坛、博客、微博、微信、知乎等一系列新媒体社交平台的出现，网民们有了空前的话语权，可以较为自由地表达自己的观点与感受，这也给竞争对手制造负面舆论提供了机会。因此，在社交媒体时代，不论是保守品牌还是激进品牌，对品牌在社交平台的口碑进行舆论管理尤为重要。图5-1所示为部分主流新媒体社交平台话题特征图。

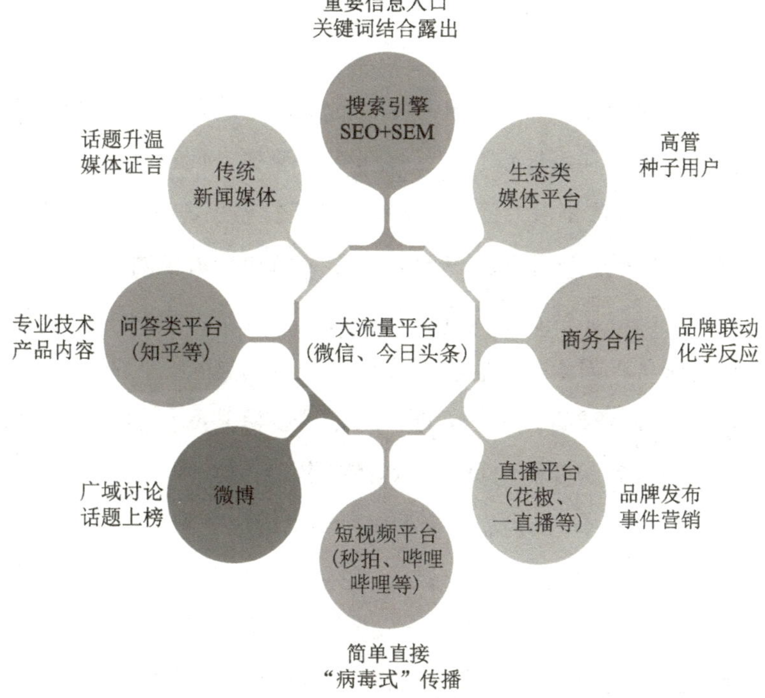

图5-1　部分主流新媒体社交平台话题特征图

2017年6月21日，新华社在微信公众号推送了一篇题为《刚刚，××被废了》的推文，全文仅38个字，还是一则普通的国际新闻，却一时间“刷爆”了互联网，点赞数超过了10万。

有人说，新闻越短，事越大。新华社官微发布的这条全文只有38个字的新闻，一时间“刷爆”了朋友圈，但是引起大众兴趣的并不是内容本身，而是新华社的运营编辑。

起先引起网友讨论转发的原因是这么简短的一则新闻竟然有3位编

辑，网友对此提出质疑：“标题就9个字还用了3个编辑？”而更让人捧腹大笑的是新华社编辑的回复：“王×负责‘刚刚’，关××负责‘被废’，陈××负责‘××’，有意见？？？”

看到这么“傲娇”又不失幽默的回复，网友们纷纷在评论区开始调侃、“卖萌”，一条严肃的新闻立马变成了一场欢乐秀。在尝到“吸引评论催生‘爆文’”的甜头后，新华社定期如法炮制，文章越来越短，评论越来越长。

评论为什么会催生“爆”文？当评论量很多的时候，意味着文章吸引了读者，这时候利用评论互动，就可以快速提升阅读量。事实上，评论越多，文章的权重将大大提升，从而在搜索排名上占有优势。有时候，评论内容反而更受搜索引擎青睐从而给了文章一个好的排名。文章被评论，一方面可以增加网友在页面的停留时间，这是搜索引擎非常看重的一个“网页质量”因素，访客在页面停留的时间越长，搜索引擎认为这个页面被关注程度越高；另一方面，评论可以提升网页的活跃程度，搜索引擎非常看重活跃度高的页面，其在排名上当然享有优先权；再者，评论相当于增加了网页的内容，让搜索引擎觉得这个网页是新鲜的。

评论相对于内容本身更具传播力，也更为用户信服。但，成也评论，败也评论。如某机械制造公司，由于没有履行合同义务，且拒不接受客户的合理善后要求，结果被客户曝光到网上，一时间负面信息“满天飞”。有新客户在百度搜索该公司信息时，发现搜索结果的前几页都是负面信息，这大大影响了该公司的业务。该公司在发现这些负面信息后，到处请人帮忙删帖，结果花了很多时间和精力，也付出了不少金钱成本，而不仅负面信息没有终止，甚至数量还稳中有涨。

过去，花钱删帖是很多企业针对负面信息较为有效的处理办法，如今，随着网络技术的成熟和网络安全管理条例的规范化，这种做法越来越难以奏效。

在社会化媒体时代，无论是今日头条、微信订阅号、微博、还是一点资讯等，用户看新闻可能就一分钟，而对于评论往往能看 3 ～ 5 分钟，并愿意花 2 ～ 3 分钟写评论。评论区，成了一个很重要的传播“营地”。

在社交媒体时代，用户无处不在，评论无处不在，企业如果抱着出了问题大不了公关撤稿的想法，迟早会追悔莫及。对于网络口碑舆论维护，企业只有在“监、宣、控”三个字上持续下功夫，才不用战战兢兢、如履薄冰。图 5-2 所示为奔跑互动团队 Social WOM 的监宣控体系。

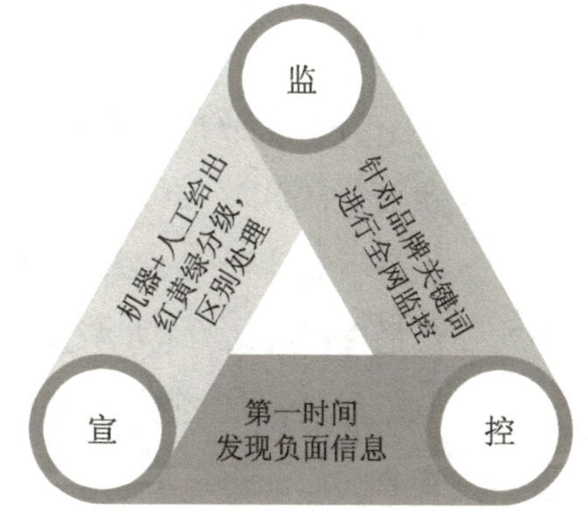

图 5-2　奔跑互动团队 Social WOM 的监宣控体系

本节导读

舆情监控：建立持续的监测预警，有效规避风险

危机评估：提供能直观反映危机公关处理结果的评估报告

化危：感知大于事实，建立快速反应机制

转机：先“灭火”，道理放在善后时说

做好这 4 个步骤，还企业清白

对于企业危机管理的认识，至今很多企业仍存在误区：或认为企业发展顺利，没有危机，不需要管理；或认为危机管理太深奥，无法把握；或认为危机只发生在大企业，小企业无须危机管理。诸如此类的认识都是错误的，企业的危机就像人生病一样随时会发生，这对于企业来说这是很正常的事情。

同样的危机在不同的企业可能会产生截然不同的结果。一项针对全球 500 强企业的董事长和总经理的调查显示：没有应变计划的企业被危机困扰的时间要比有应变计划的企业被困扰的时间长 2.5 倍；在危机后遗症的波及时间上，没有应变计划的企业，也比有应变计划的企业长 2.5 倍。因此，每个企业都应该制定一套危机处理机制。

美国学者史蒂文·芬克的危机公关四段论指出危机形成具有阶段性：

（1）危机潜伏期，这一阶段的危机不容易被察觉；

（2）危机突发期，这一阶段的危机持续时间长且会对当事人心理造成严重冲击；

（3）危机恢复期，这一阶段的企业主要使命是消除影响和组织重建；

（4）危机解决期，此时危机当事人从危机阴影中解脱，但应警惕危机死灰复燃。

鉴于危机的阶段性特征，企业的危机处理机制应该从下面 4 个步骤入手。

舆情监控：建立持续的监测预警，有效规避风险

企业要建立持续的互联网监测预警，有效规避风险。

为做到这一点：甲方企业需指定新闻发言人 / 负责人，作为企业与媒体、乙方沟通的唯一联络人，统一收集三方的信息，并确保对外发布信息的一致性；乙方企业需通过专业的监测工具，每日对互联网新闻及论坛中有关企业或企业产品的相关报道进行检索、汇总，当发现负面报道时，应第一时间通知企业的相关联系人，如图 5-3 所示。

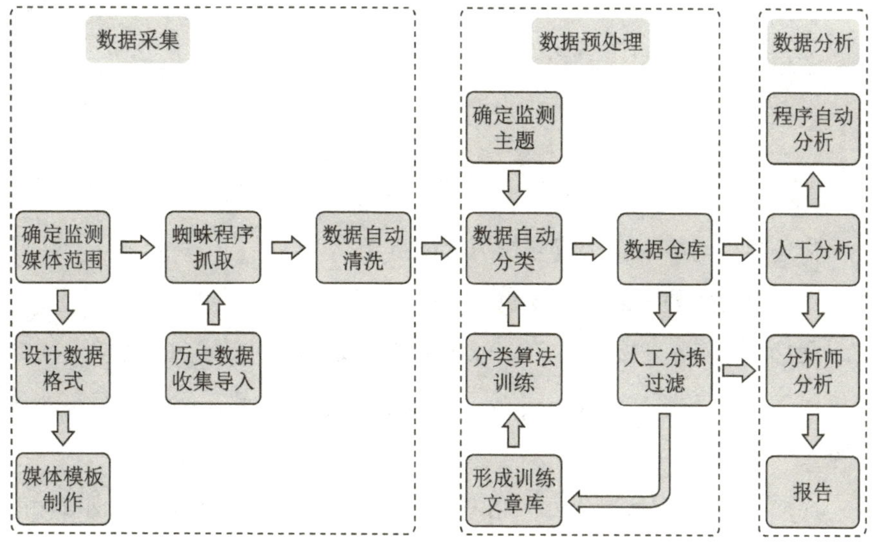

图 5-3　舆情监测与人工分析处理流程 1

危机评估：提供能直观反映危机公关处理结果的评估报告

乙方企业要为甲方企业提供有依据的危机公关处理评估分析与危机管理效果报告，报告要能够直接反映危机公关处理后的情况，如图 5-4 所示。

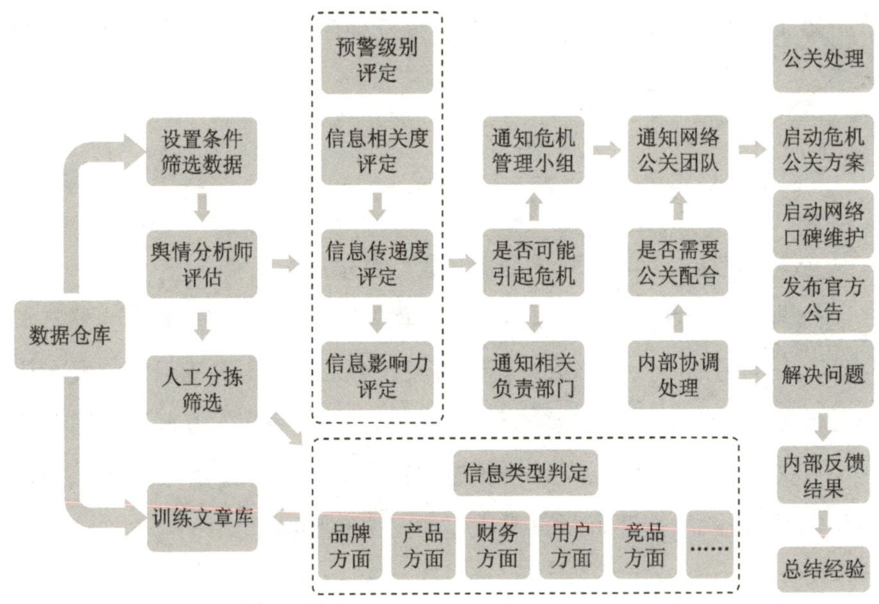

图 5-4　舆情监测与人工分析处理流程 2

化危：感知大于事实，建立快速反应机制

化危执行的核心在于建立快速反应机制。

甲方企业需要做到以下 3 点。

（1）当联络人接到有关企业的负面报道在网上传播的消息后，要第一时间了解事件具体情况并反馈给企业领导层，明确企业态度和处理意见。

（2）在了解媒体对事件的信息需求后的 ××（视危机情况）小时内，发表企业公开信，阐述事件全部经过，表达企业态度并公布对涉事部门或人员的处理意见。

（3）寻求权威机构的支持，并将相关内容发布在企业公开信中。

乙方企业要做到以下 4 点。

（1）在了解事件的具体情况及企业的处理意见后，立即制定正确的危机处理方案。根据危机的产生原因和经过，对几种可行方案进行比较后，选择最佳方案。

（2）在最短时间内与发布负面报道的互联网媒体沟通，对负面报道做相应的危机处理。

（3）在与互联网媒体沟通过程中，搜集媒体方的信息需求，如了解事件发生的具体情况、企业态度及记者的关注问题等，及时反馈给企业。

（4）在互联网新闻及论坛中，挑选重要媒体发表企业对事件的公开信，还企业清白。

转机：先“灭火”，道理放在善后时说

鱼的记忆只有 7 秒，有人说网民的记忆只有 7 天，正是因为有这种思想，很多时候企业容易轻视危机，从而造成巨大的损失。其实，很多危机在刚开始的时候都是有可能被化解的。

事实上，如果危机出现后，企业第一时间去面对，展示出企业该有的担当和责任，摆出解决事情的态度，能有很大机会获得网友的谅解。可惜，很多企业高层在原本可以解决问题的时候不作为，甚至可能因此酿成更大的危机。

2011 年 8 月 22 日，调研记者卧底揭秘：某品牌火锅店的经典骨汤由“骨白汤料”加水搅拌而成、丸子和肉类不称重、筷子掉地上捡起继续用、员工偷吃熟食等现象。这顿时在社会上引起轩然大波，一向信誉良好的该品牌，一时间面临“灭顶危机”。

该品牌官网及官方微博在第一时间发布了两份说明——《关于媒体

报道事件的说明》《关于食品添加剂公示备案情况的通报》，就事件本身做了诚恳说明，承认勾兑事实及其他存在的问题，感谢媒体监督，第一时间安抚网民情绪。因为说明态度诚恳，该品牌的忠实粉丝纷纷转载，表示力挺。至此，一场危机事件，转化成粉丝为品牌发声支持的契机。因支持的粉丝分享太多，以至于有媒体怀疑这是该品牌自己在操作。这时，该品牌董事长发表了一条更加诚恳的微博，原文如下：

“菜品不称重、员工偷吃等根源在于流程落实不到位，我还要难过地告诉大家我从未真正杜绝这些现象。责任在管理不在 ×× 店，我不会因此次危机发生后追查责任，我已派心理辅导师到 ×× 店以防该店员工压力太大。对饮料和白味汤底的合法性我给予充分保证，虽不敢承诺每一个单元的农产品都先检验再上桌，但责任一定该由我承担。”

该品牌董事长毫不推诿的担当精神，再次为该品牌吸引了一波支持者，这条微博当天转发近 4 000 次，评论 1 500 次，该品牌董事长用自己的人格魅力，让危机再次有了转机，也让该品牌有了喘息的空间。接下来，相关媒体到现场参观，全程记录经典骨汤的制作过程。由权威媒体拍摄的影像资料发布到网上之后，网友眼见为实，公众质疑的高涨情绪终于平复了下来。那些针对该品牌“眼见他起高楼，眼见他宴宾客，眼见他楼塌了”的声音也自动消失了，该品牌并没有因为这次危机而使品牌塌陷。

该品牌的危机处理方式值得借鉴，危机来临先想办法“灭火”，主动揽下错误，获得转机后再摆事实讲道理。有人说，互联网信息时代没有真相。在这个信息大爆炸时代，人们每天在制造大量信息的同时也接收着大量信息。很多时候，大众来不及思考，来不及去辨别信息的真假，但是会主观地判断——不管企业的做法是否正确，比起事实和真相，大众更在乎的是企业的应对措施是否符合自己的想法。这时企业不要急着和大众讲道理，因为时机不对，讲了他们也听不进去。先争取“灭火”，道理放在善后的时候说。

本节导读

消费者的斥责

媒体的声讨

公众的不信任

企业容易招致的3种“网络霸凌”

美国政治学家威尔逊和犯罪学家凯琳根据多年的工作经验总结出一个心理学“破窗效应”：房子的一个窗户如果破了，没有人去修补，不多久，其他的窗户也会莫名其妙地被人打破；一面墙，如果出现一些涂鸦没有被清洗掉，很快墙上就会布满乱七八糟的涂鸦；一个很干净的地方，人们不好意思丢垃圾，但是一旦地上有垃圾，人们就会毫不犹豫地抛撒垃圾，丝毫不感到羞愧。

这一现象说明，环境可以对一个人的行为产生强烈的暗示和诱导。

在互联网时代，前一秒发生的事情，身在现场的人发一个朋友圈，几秒就能把这件事传给几百人、几万人。进入信息时代后，危机的信息传播速度比危机本身的发展要快得多。媒体对危机来说，就像大火借的东风。信息传播渠道的多样化、时效的高速化、范围的全球化，使企业危机情境迅速公开化，成为公众聚集的中心，成为各种媒体炒作的素材。

由于危机常具有“出其不意，攻其不备”的特点，不论什么性质和规模的危机，都必然会不同程度地给企业造成破坏，引起混乱和恐慌，加上企业决策的时间以及信息有限，往往会导致决策失误，从而带来不可估量的损失，而且，危机往往具有连锁效应，会在短时间内引发一系列的冲击，从而使事态扩大。

“千里之堤，溃于蚁穴”，网络上一个负面信息就像一只看起来不起眼的黑蚂蚁，可它能爆发出如海浪一样的威力，有铺天盖地、席卷一切的力量。很多企业在这样的负面信息面前，根本没有招架之力，短时间内局面就会失控，企业则会因此面临巨大的危机，轻则损失市场和利益，重则危及企业生存，其后果不堪设想。

企业网络危机的极端负面影响体现在以下 3 个方面。

消费者的斥责

产品质量、服务态度、售后服务及企业信誉等问题都易引发消费者与企业的矛盾，这时消费者迫切希望得到企业的重视。如果消费者在权益争取时得不到企业的及时回应，那么消费者就会选择投诉以宣泄不满，从而会对企业造成恶劣影响。

2004 年 8 月 29 日，3 头毛驴拉着一辆 ×× 汽车停在北京某环路附近并引发围观，成为当时的头条新闻。原来，林先生于 2003 年 11 月购买一辆 ×× 高档进口轿车之后，该车先后出现 11 项故障，在经销商和指定维修点均不同意退车又没有将车修好的情况下，林先生只好导演了这出“好戏”。林先生接受媒体采访时明确表示：“就是为了出口气。我要让消费者看清，×× 车出了故障后，他们是以怎样傲慢、不负责任的态度来解决问题的。”

媒体的声讨

媒体不仅关注危机本身的发展，更关注企业对危机的处理态度和所采取的行动。而社会公众获取危机信息的来源多是媒体有关报道，媒体对危机报道的内容和对危机报道的态度影响着社会公众对危机的看法和态度。有些企业在危机爆发后，由于不善于与媒体沟通，导致危机持续升级。

公众的不信任

媒体和消费者的行动会掀起危机风暴，它很可能在一夜之间就彻底改变企业在公众心目中的形象。公众的态度是对危机事件的最直接反应，甚至有可能使事件危机上升到企业的品牌危机。企业面对危机时如果采取一些被动的、口径不一致的不当做法，会将危机从严重性阶段推向灾难性阶段。

2012 年 4 月 28 日，某企业以 123.29 亿元的总市值达到发展巅峰，然而，就在同一天，其产品螺旋藻被爆铅超标 100%。3 月 29 日，该企业宣布停牌，并于下午向机构与部分消费者发送邮件表示产品质量无任何问题，同时在官网上挂出相关说明“以正视听”。尽管代言人也出来发声，但公众并不接受。之后，为了消除公众的不信任，该企业一方面斥巨资大办“透明工厂”，给自家产品办“身份证”，方便追本溯源，并邀请社会各界人士到企业参观；另一方面，与某全球膳食补充剂品牌“联姻”，收购其益生菌品牌等，大手笔买下国际大品牌为其背书。为了重获社会公众的信任，该企业付出了不少代价。不得不说，正是因为当时网络还不像现在这么发达，否则其翻身的难度可能会更大。

网络负面信息正日益成为企业遭受严重损失或面临严重损失威胁的主要突发事件。这种突发事件在很短时间内会波及很广的社会层面，对企业或品牌会产生恶劣影响，而且，这种突发的紧急事件由于其不确定的发展趋势会使企业高度紧张并会给企业带来压力。

本节导读

文化风俗与消费者习惯

领导危机

劳资纠纷

假冒伪劣

安全问题

财务经营管理

客户纠纷

恶性竞争

环境污染

社会危机

隐藏在企业身边的 10 种危机

危机的基本特征就是突发性，对很多企业来说，危机一旦爆发，其破坏性的能量就会被迅速释放，并呈快速蔓延之势。如果不能及时得到控制，危机会急剧恶化，使企业遭受更大损失。而且，由于危机的连锁反应以及新闻的快速传播，对于危机处理可供做出正确决策的时间是极其有限的，对决策者来说这也是最严峻的考验。等危机爆发后，企业再紧急处理，会很容易陷入被动，处理危机的最好时机是在危机爆发前。

在《鹖冠子》中有一段关于扁鹊三兄弟的故事。魏文王问名医扁鹊："你们家兄弟三人，都精于医术，到底哪一位最厉害呢？"扁鹊答："长兄最好，中兄次之，我最差。"文王又问："那么，为什么你最出名呢？"扁鹊答说："我长兄治病，是治病于病情发作之前。由于一般人不知道他是在事先就铲除了病因，所以他的名气无法传出去，只有我们家的人才知道。我中兄治病，是治病于病情初起之时。

一般人以为他只能治轻微的小病，所以他的名气只及于本乡里。而我扁鹊治病，是治病于病情严重之时。一般人都看到我在经脉上穿针管来放血、在皮肤上敷药等大手术，所以以为我的医术高明，名气因此响遍全国。”

“扁鹊三兄弟”的这一故事强调了危机处理的基本原则：事后控制不如事中控制，事中控制不如事前控制。等到危机已造成重大损失时才寻求弥补，即使弥补得好，或可能因此声名鹊起，但更多的时候是无力回天，为时已晚。为了避免这种局面出现，企业最好能在危机刚出现苗头的时候，就能准确认识到其可能会发展成为危机，并及时将它扼杀在萌芽状态。

危机喜欢穿着隐形衣来临，因而很多企业看不到，以下是常见的危机源头，企业应对其了然于胸。

文化风俗与消费者习惯

由于各国家、各民族的风俗习惯不同，企业在经营时的一些合理的市场行为可能会因此变得不合理，从而引发消费者的不满情绪，并因此损害品牌形象。

重视文化差异对企业尤为重要，早在2005年，有中国消费者就反映某外资知名日化品牌高端护肤品伤害皮肤，并将该品牌告上法庭，而该日化品牌在致网友公开信中重申被质疑的“有害成分”氢氧化钠是化妆品的常用成分，一再强调成分和质检结果没问题。消费者对该品牌处理事件的态度表示不满。造成这种局面的原因在于中外文化的差异，中国传统文化以谦逊礼让为先，以和为贵，但该外资企业所在国的文化则更强调尊重自我。在该事件中，消费者对于产品质检结果已然不甚关心，但是该品牌危机公关的强硬姿态却在消费者心中根深蒂固。企业任何看似轻微的不当举动都可能形成负面话题并迅速扩散。

领导危机

企业网络危机往往突如其来，吉姆·柯林斯在《强者的没落》一书中写道：“衰落能偷偷接近你，然后忽然之间，你就身处巨大的麻烦。”作为企业领导人，在危机面前，要管理好自己的情绪，保持足够的理性，确保消费者对企业信任，然后才有可能调动资源去解决问题，带领企业摆脱危机。危机来临后，切忌为急于推卸责任而做出不理智的行为。在移动社交时代，凡走过必留下痕迹，“打脸”的行为很快就会被揭露。企业领导者在危机面前，首要的行为就是进行有说服力的沟通，维护好消费者的信任。

劳资纠纷

近几年，劳资纠纷事件时有发生，已经成为催生企业危机公关的一个重要因素。归根结底，以下三大类别的原因易导致劳资纠纷。

（1）企业和代理商的利益纠纷；

（2）企业管理不规范；

（3）劳动者身处劣势。

2018 年 3 月 15 日凌晨，一篇名为《××，所谓亚洲最大公关公司，如此坑害老员工，良心真的不会痛吗？》的文章在某微信公众号发布，当天中午，这篇文章的阅读量就突破 10 万，点赞量超 1.5 万，转发量更是不可计数，不少网友纷纷支持相对弱势的被坑员工，直指 ×× 公司不地道，业界一片哗然，围观者纷纷感叹，×× 公司天天为别人做危机公关，却做不好自己的危机公关。这就是典型的由劳资纠纷引发的危机。

假冒伪劣

假冒伪劣行为会严重损害企业的品牌形象或者一个行业的口碑与信

誉，主要有以下几种表现形式。

（1）假冒伪劣商品；

（2）虚假承诺、不公平交易及欺诈行为；

（3）虚假广告；

（4）劣质服务；

（5）商业歧视。

2004年国庆节期间，北京某商厦推出了“满200返300”的促销活动，在当时创下了北京商家返券之最的记录。可消费者在规定时间内使用返券购物时，却遭遇了重重陷阱：先是商场90个品牌的商家拒收返券，而且可凭返券购买的商品中疑有大量库存商品。经过交涉，返券消费面扩大后，消费者又发现，返券价值严重“缩水”，甚至不如用现金消费。消费者的不满致使事态扩大，引来众多媒体采访，却被保安粗暴拒绝，甚至还有报社记者的相机被抢、消费者及记者被殴打等恶性事件的发生。该商厦品牌一时陷入了一场形象危机。这就是属于假冒伪劣中欺骗消费者的行为。

安全问题

2005年3月15日，上海市相关部门在对某快餐企业多家餐厅进行抽检时，发现旗下某餐厅的新奥尔良鸡翅和新奥尔良鸡腿堡调料中含有苏丹红一号成分。16日上午，该企业集团上海总部通知全国各分部：“从16日开始，立即在全国所有餐厅停止售卖新奥尔良鸡翅和新奥尔良鸡腿堡两种产品，同时销毁所有剩余调料。”在“苏丹红”事件中，该企业虽然反应快速，补救及时，可还是引起了人们对食品安全问题的关注和思考，不少同类企业被牵连进来，这就属于安全问题引发的危机。相对于假冒伪劣产品而言，企业自身产品的安全性有着更强的隐蔽性，这类危机的普遍特点是企业产品本身并没有问题，只是在特定情况下出现危机。

财务经营管理

财务风波对企业的影响关键在于诚信的丧失，特别是对上市公司而言，受财务风波的影响，轻则股价一落千丈，重则企业关门倒闭。当然，财务风波并不可怕，关键是要有切实可行的盈利模式，只要企业盈利了，财务风波也就会淡出人们的视野了。

客户纠纷

2001 年，武汉王先生花 90 万元买了一辆某品牌汽车，事后发现该车经常出现故障，经该公司几次维修后，问题仍然得不到解决。王先生一怒之下，与 7 个朋友用铁锤和木棒砸烂了该车，并用牛拉着被砸烂的车游街示众，这成为年度热门新闻之一。该品牌汽车形象也因此严重受损。

市场化经济的空前发展导致商家与客户的博弈关系越来越直接地受市场调控，因而双方对立事件时有发生，客户纠纷不断出现，若解决不妥当势必会影响企业形象。

恶性竞争

无论是成熟的市场还是不成熟的市场，只要存在激烈的竞争，就容易爆发恶性竞争带来的危机。恶性竞争最考验经营者的智慧，企业应该多学习这方面的正面典型案例。

环境污染

2002 年 8 月，李先生的妻子购买了一辆某品牌小轿车。9 月 30 日，她发现身上有大量的出血点，后经医院诊断，确诊为重症再生障碍性贫血，2003 年 3 月，她因治疗无效而病逝。当年 7 月，李先生把购置了不到一年的小轿车送检。经中国室内装饰协会室内环境监测中心检测，证明车内空气苯含量超标。随后，李先生把汽车销售商和汽车制造商一并告上了法庭。

环境危机对于企业而言已经不是危机层面的问题了，而是是否遵守国家有关规定的问题了。倘若违反了环境保护相关规定，企业的形象必将受到严重损害。

社会危机

社会危机的涵盖面非常广，包括自然灾害、流行疾病、经济危机、社会暴乱、军事战争、恐怖袭击等，发生任何一种社会危机都会对企业造成致命影响。诸如SARS、禽流感等疾病的突然爆发会对企业造成很大的冲击，这都属于社会危机。

诺尔曼·奥古斯丁教授在《哈佛商业评论》中写道："制定危机预防计划实在'并不轻松'。可能很少有人去做这一项工作。显然，有一些项目是在CEO的控制之外的，但是那些项目所造成的影响却是CEO的职责之内的。对问题产生的缘由缺乏控制可能会将你和它所造成的后果捆绑在一起。"因此，企业一定要对危机预防给予足够的重视。

本节导读

4 种态度易“雪上加霜”

危机公关的正确态度

危机解围需要正确的公关态度

2016 年，电影《我不是潘金莲》引发了大众的广泛关注，其情节很简单：一个普通的农村妇女李雪莲，为了给自己讨回公道，在 10 多年时间里，从镇到县，由市至省，再到首都，一路与形形色色的人斗智斗勇、周旋不断，折腾了一辈子，只是为了一句话：“我不是潘金莲。”这么做值得吗？

很多人在网店购物时，应该都有这样的体验：买到了一个残次品，坚持要退货，如果卖家坚持不承认是自己的问题，我们即使付出一定成本，也要讨回一个说法；相反，如果卖家认错态度好，热心提供换货或退款服务，我们很可能会说“算了吧，凑合着也能用”。究其原因，我们要的就是一个态度——企业的态度很重要。

4 种态度易“雪上加霜”

哈佛大学管理学的某专家指出，危机是一种公共事件，企业在危机中采取的任何措施都会立刻引起公众的关注。若处理不当，那么企业的信誉度就会下降；但如果在公众面前采取了有效的措施，赢得公众的认可和赞赏，那么企业不但不会受到危机的影响，还会化危机为契机，进而树立起更优秀的形象。企业要想赢得公众的承认和赞赏，态度非常重要。在危机处理时，企业的以下 4 种态度会让危机雪上加霜。

侥幸心理

“或许没关系吧”“或许不会变差吧”，当某个地方已经出现危机的苗头或者征兆时，很多企业却还存在侥幸心理，认为事态不会扩大演变为对企业产生巨大冲击的危机，因而迟迟没有采取行动以遏制危机苗头。

心理学上有一个墨菲定律：凡事可能出岔子，就一定会出岔子。如果坏事情有可能发生，不管这种可能性有多小，它总会发生，并引起最大可能的损失，因此，企业千万不要寄希望于奇迹的发生。凡事尽早做好最坏的打算，企业只有持有这种心态，才能从容地面对危机。

鸵鸟政策

鸵鸟政策是经济管理学中的名词，是根据鸵鸟的习性得来的。据说鸵鸟在遇到危险的时候，就会把自己的头埋进沙子，以为这样别人就看不见自己了，却不知道自己的身体还暴露在外面，这样会更加引人注意。鸵鸟政策告诉我们：化解危机的最好方法是主动面对，回避不能解决问题，还有可能使问题恶化，积极地对待危机，向公众表明企业的决心是化解危机的第一步。

推卸责任

很多企业在出现危机时，不问缘由，第一反应就是推卸责任。殊不知，出现问题时勇于承担责任才能展现负责任的企业形象，这有利于挽回公众的信任和修复危机后的企业形象。

隐瞒事实

危机管理有一条原则：“危机公关的一个重要部分，就是以最快的速度向公众披露事实，向公众提供更多信息，并确保所提供的信息真实无误。”在危机公关中，企业最起码要做到有勇气把自己的缺点披露给公众。

尽管隐瞒事实能获得一定的缓解时间，但企业必须认识到“纸包不住火”，任何隐瞒事实的行为只会让企业陷入更大的危机。

危机到来时，企业不能像鸵鸟一样，把头埋进沙子，因为逃避或者推卸责任，不仅不能解决问题，还会让问题恶化，只有积极主动地去解决问题，找出问题的症结，冷静地面对舆论，才能把危机对企业的影响降到最低。

危机公关的正确态度

面对危机事件，失败的公关只会让危机如蝴蝶效应般扩散，如危机不及时得当地予以处理，会让企业面临进一步的信任危机。在危机事件面前，企业正确的应对态度最能解决问题，因此在态度上，企业应该做到以下几点。

第一，在危机发生时，企业要把公众的利益放在第一位。公众是企业服务的对象，失去了他们的支持，企业也就失去了生存的基础，企业应该切实采取行动维护公众的利益。

第二，企业要第一时间做出反应。“危机发生后的24小时内，是企业披露危机事实并制定解决方案的最好时机，超过这个时限，危机就有可能失控。”在危机发生的第一时间，企业不要有任何的侥幸和鸵鸟心理，要及时做出反应，这样可以防止公众在等待中对企业丧失信心和信任。

第三，危机并不可怕，它也可能成为商机。对于企业管理者来说，当企业出现某方面的危机时，除了积极采取补救措施外，更应该设法扭转坏的情形，将危机转化为商机。危机除了带来麻烦，同时也蕴藏着无限商机。企业通过负责、漂亮的危机公关处理，将会使公众对企业有更深的了解，企业在危机过后也能树立更优秀的形象。

总之，企业危机发生后，积极妥善的处理方式会使企业摆脱困境；消极过激的处理方式则会把企业推向绝境。

本节导读

即时热点式

线下事件

大众为本

科普解谜

情感话题

正能量宣泄式

应用：三情六式公关法则如何化“危”为“机”

2018年，以小米、拼多多为代表的互联网企业陆续上市。截至2018年7月23日，在美股、港股市场已经或正排队上市的科技/互联网公司达到了33家。目前，还有许多企业在奔赴证券交易市场的路上，形成了一股上市潮。

伴随这股上市潮的不仅仅是各方的皆大欢喜，还有企业上市之后的各种风波和因风波引发的各种危机公关。

是危机处理能力低还是自以为是

2008年7月9日，某手机品牌上市当天就新股破发。被大众关注的还有敲钟当天该品牌与媒体发生的那场风波。敲钟当天，该品牌要求记者们7：30到现场签到，但记者们到场两小时后才等来正式的拍照、开盘。因为场内没有椅子，完成签到后的一众记者只能站着。令不少媒体气愤的是，该品牌上时市，又安排自己的175名员工和内地100多家媒体、自媒体到现场观礼，而对其他地区的媒体而言，只有为数不多的媒体收到邀请函。

被拒之门外的媒体要进门采访，该品牌却花 400 万元请了当地的公关公司以不认识该品牌的公关团队为由，拒绝那些媒体记者进场。

更令媒体气愤的是该品牌被曝出“防火防盗防记者，特别是跑得快的记者”的内部培训资料，这将当天上市的该品牌推上了风口浪尖。面对如此不尊重媒体的品牌，记者们顿时情绪爆发。由此引发的危机，让该品牌成了媒体口诛笔伐的对象。

反观该品牌上市前，与媒体之间可谓鱼水情深，而媒体引导的舆论对该品牌都是极力推崇的正面报道，尤其在该品牌发展的 8 年里，媒体陪伴并见证了该品牌从 0 到 1、从发展到上市的整个过程。而今 IPO（首次公开募股）成功，大家都为之欢呼，原本这是一个很好的分享和公关的时刻，该品牌却生硬地拒绝了曾经交好的媒体，自导了一场危机。

企业如何规避危机的发生，如何化解危机，如何进行危机公关？其实策略很多，如危机公关 5S 原则、危机公关黄金法则、危机公关 12 字诀等，但这些策略大多停留在理论层面。奔跑互动团队结合长期的实战经验总结了处理危机有立竿见影之效的“三情六式”公关法则。“三情”为情感、情绪、情动，纵观该品牌的上述一系列做法，恰恰犯了“三情”的大忌。

首先，该品牌“防火防盗防记者，特别是跑得快的记者”的内部资料，伤害了媒体作为见证者想参与、分享该品牌成功喜悦的情感。其次，该品牌不尊重媒体，要求参加上市敲钟活动的受邀记者们提前两个小时到场，而且什么都不提供，引发了媒体记者的不满。最后，活动现场拒绝一些媒体记者进场采访，完全无视媒体记者想第一时间拿到该品牌上市素材发稿的愿望。

该品牌发生上述危机，并不是其本身公关能力有问题，而是傲慢、不尊重受众所致。公关即人性，任何公关都不要忘记公关的对象，更不能“自以为是”，因为水能载舟，亦能覆舟。

“六式”公关法可转“危”为“机”

企业的发展就如同股市一样，涨涨跌跌，起起伏伏，必然会有危机到来的时刻，不论是什么性质和规模的危机，难免会不同程度地给企业造成破坏。正因如此，在危机发生、社会舆论斗争矛头直指当事企业的时候，企业领导能否沉着冷静地做出正确的应对举措，是能否将损失减到最小的关键。

奔跑互动团队经长期实战，总结出转“危”为“机”的“六式”公关法则：即时热点式、线下事件式、大众为本式、科普解谜式、情感话题式、正能量宣泄式。（与第四章情感营销的“借势营销方式”不同。）

即时热点式

所谓即时热点式，顾名思义，核心在于热点。新闻的时效性决定了媒体喜欢追热点这一特性。以前述品牌为例，该品牌上市，对媒体而言是需要即时追逐的大热点。此时，无论是投资方、消费者、还是媒体都会对之加倍关注，所以，该品牌要做出正确反应，借助热点，在上市前迅速出击，做好公关营销，通过内容创造，迅速占领各大搜索引擎的热搜榜单。

线下事件式

即时热点通常可遇不可求，且热度持续时间很短，这时就要企业在线下事件上下功夫，比如制造事件、制造热点，以吸引大众眼球。前述品牌上市敲钟本是一个很好的线下事件，如果该品牌做好上市前的媒体沟通和上市后的新闻报道，应该不会引发公关危机，但恰恰该品牌重金聘请的公关团队未做好线下事件的营销，以至于活动当天出现重大纰漏。换言之，如果危机出现后，该公关团队能迅速做出正确反应，哪怕是组织一个小范围的主流媒体沟通会，针对纰漏给出自己的态度，然后就大家关注的问题给予答复，会不会立马就建立起自己的舆论阵营了呢？

大众为本式

上市公司从上市那天开始，就要接受全体股民的关注和监督。奔跑互动团队提出的大众为本式公关法则，是基于渴望引起情感共鸣衍生出来的一个策略。而这正是前述品牌初建时的拿手好活，一句“得‘×丝’者得天下”令它圈粉无数，一本该品牌口碑营销内部手册被封为社群运营的经典之作，而今呢？上市了、IPO成功了，却在一定程度上忽略了圈子的力量。其实，该品牌只要稍微动动心思，拿出这些看家本领中的一招二式，激活粉丝圈子，调动粉丝的积极性，是不是就会有千千万万的粉丝为之欢呼和传播了呢？

科普解谜式

企业上市后要避免发生公关危机，还要采用有效的科普解谜式公关法则。企业上市后，发展得越大，责任就越大，因为涉及股民的切身利益，企业的一举一动都会受到所有股民的关注。同时，企业还要接受所有的舆论监督，其中不乏竞争对手的各种“揭短”。而上市公司的财报、税务、估值，随时都会引起市场的各种猜测，这时就需要企业对市场进行及时的解读、科普，同时通过媒体宣传正确引导舆论，让大众第一时间了解企业的发展情况。

情感话题式

情感话题式的危机公关，要从情感、情绪和情动“三情”入手。以被列为2017年十大失败危机公关案例的某招聘平台为例，该招聘平台因对招聘信息不加审核，使某求职者通过该招聘平台求职却误入传销组织以致身亡，该招聘平台虽然几次借助媒体进行危机公关，但始终无视当事人父母及大众的情感，尤其是该招聘平台明知道问题所在，却从未想过解决，在一开始处理问题的态度就不端正。事发后，该招聘平台一直没有通过官微发声，对于事件本身也只着眼于未来的改进，只字不提对当事人及其家属的赔偿等。此举无视当事人及大众的情感，导致危机公关失败。

如果企业在危机发生后能第一时间去面对，拿出企业该有的担当，摆出解决事情的态度，就能为企业抵御甚至平息危机的冲击。

正能量宣泄式

顶着“社交电商第一股”的光环在纳斯达克上市的某电商平台，依旧未能逃过舆论风波。上市之后，有关该电商平台销售山寨名牌的质疑不断发酵，其商业模式的弊端也被曝在“聚光灯”下。2018 年 7 月 31 日，该电商平台在上海召开发布会，原本指望借助一场发布会“回应一切”，结果却引发了一个又一个危机。该电商平台将假货问题归结为社会问题等一系列的回应，明显与道德和大众期待背道而驰，如此缺乏担当，岂能让大众接受？这样的企业的社会责任在哪里，底线在哪里？故此，这场发布会非但没有让该电商平台从舆论危机中走出来，反而更加暴露了其平台存在的天然缺陷。所以，正确运用正能量宣泄式公关法则很重要。

第六章

如何在未来营销中不被淘汰

随着信息社会的到来，从传统媒体到微博、微信、音频、长视频，再到如今的短视频等，营销环境发生了前所未有的改变。这种改变让营销人员告别了原来熟悉的营销环境，直接进入了信息化营销的时代。在信息化营销时代，互联网思维将告别以噱头博取关注的做法，而新型的互联网营销模式将替代传统的广告模式。处在红利期的“短视频+”营销模式和自媒体营销模式成为主流，“品牌×品牌”的联合营销将成为营销新趋势。

本节导读

数据思维：一切以数据为驱动的运营思维都属于互联网思维

连接思维：让用户成为品牌的粉丝

迭代思维：紧跟用户需求，实现光速升级

平台思维：打造现实、稳定、规模化的流量平台

微创新思维：从细微处贴合用户需求，在用户参与和反馈中创新升级

人本思维：让商业回归人本需求

“互联网思维 + 实业精神”——什么是互联网思维

有个人想在家里吃火锅，发现什么食材都没有，就分别给几个朋友打电话：

“来我家吃火锅啊，带点牛肉，就差肉了。

“来我家吃火锅啊，带点丸子，就差丸子了。

“来我家吃火锅啊，带点青菜，就差菜了。

“来我家吃火锅啊，带点啤酒，就差酒了。

“来我家吃火锅啊，带点豆腐，就差豆腐了。

“来我家吃火锅啊，带点老干妈，就差辣料了。

“来我家吃火锅啊，带点锅底料，就差底料了。”

打完电话之后烧锅水，就在微信催朋友和等待……这就叫互联网众筹思维。

如今，各行各业都进入了互联网营销阵营。可是，究竟什么是“互联网思维”，并没有几个人能够说清楚。

2013 年，“互联网思维”这个概念开始流行，“以互联网思维做 ×× 行业”经常被“探讨”。一些营销人员，对这个词推崇备至，同时言必称黄 ×× 煎饼、金证 ××、余 ××、王 ××。几年过去，这些被称为利用互联网思维经营的杰出代表们怎么样了？

黄 ×× 煎饼

我首次知道黄 ×× 煎饼，是因为某一天我突然发现朋友圈中流传两句文案：“所有汉堡、比萨都是纸老虎”“吃煎饼，喝豆腐脑，思考人生”。还有，该品牌竟然是女店主开着跑车送煎饼。这掀起了一个行业的风暴，其创始人到处演讲，许下要创下业绩神话的承诺，而在当时恐怕只有百盛（旗下有必胜客、肯德基等）集团可以满足这个创始人的理想。一个成立仅一年的餐饮品牌，凭何跻身行业第二？！每次路过朝外 SOHO 的黄 ×× 煎饼店铺，并没有看到传说中的排队现象，甚至没有几个顾客，我又去大众点评 App 看了一眼，顾客几乎都给出了差评。

金证 ××

云 × 链创始人兼 CEO 金证 ××，2015 年 3 月被福布斯评为“2015 年 30 位 30 岁以下创业者”之一，是该榜单历史上获此殊荣的最年轻的一位，年仅 21 岁。金证 ×× 有一个传奇的身份：哈佛大学大四休学回国创业的创业者。而他创立的云 × 链并不是什么高科技，只是在视频区域内加文字标签，在技术上并不新鲜。

余 ××

高二时赚得 100 万元，此后又被误诊为淋巴癌，人生曾跌入谷底，没想到在濒临破产的时候又绝处逢生，获得连续两轮的千万级融资，这些听起来简直就像电视剧情，却在“90 后”余 ×× 身上真实地发生了。在超级课程表超级火的时候，余 ×× 高调宣布要“分红一个亿给员工”，结果一年后并未实现，对此他解释道：“我们年轻人就是不要较真，否则会给自己太多枷锁。”现在的余 ×× 已经变得深居简出。

王 ××

1998 年出生的王 ××，中学辍学后做微商，通过“QQ 空间”售卖一些针对“95 后”的个性衣饰货品，据称业绩最好的时候月销售额达到 50 万元，每月能有好几万元的盈利。2015 年 1 月，王 ×× 参加了北京卫视的创业真人秀《我是独角兽》，以一句“让你们赚够‘95 后’的钱”，引得现场 5 个企业家争抢投资。一个月后，她获得了来自经纬中国领投、真格基金、创新谷跟投的 2 000 万元 A 轮投资，17 岁少女摇身一变成为亿万富翁。然而，半年后王 ×× 的神话就破灭了。

黄 ×× 煎饼、金证 ××、余 ××、王 ××，这些被资本扶持与营销推广出来的年轻人，“互联网思维”创业代表，曾经在短时间内吸引众多“眼球”，聚集众多粉丝，然后就没有下文了。

创业初期，固然需要借助新媒体来宣传造势，但绝对不要把整个企业的运营寄托于各类营销术。营销一把能吸引“眼球”，企业第一年基于受众尝鲜好奇的心态而大赚一笔，第二年经营不下去而跑路，这样的案例还少吗？任何脱离企业运营的营销，都是无源之水。

2013 年“双 12”那天，在“中国经济年度人物”的颁奖典礼上，“雷军董明珠十亿赌局”的话题迅速占领了各大热搜榜榜首，雷军和董明珠这两个人也都得到了各媒体长达 5 年的免费关注和报道。

如今，这场赌约期限已至。从双方目前的产业链布局来看，已然不再是单独的“互联网 + 模式”，或是单纯的“实体经济模式”，而是逐渐成为“互联网 + 实体经济”、“实体经济 + 互联网”的“你中有我，我中有你”的产业格局。在这一竞争中，两家企业似乎并没有要结束的意思，纷纷加快动作，为自己的版图整合、开拓新领地，为下一年新一轮的竞争做准备。

那么，究竟什么才是互联网思维呢？

互联网思维，不是制造噱头、炮制“现象级”营销品类，更重要的是落地、转化、带来销量。锦上添花的事情谁都会做，但雪中送炭才可能解救一个企业于瓶颈。喧嚣与骚动之后，一切终将归于沉寂。

数据思维：一切以数据为驱动的运营思维都属于互联网思维

谷歌和百度的搜索引擎为什么能超越传统的门户网站？因为门户网站只是将传统报纸搬到网上，仍然是手工编辑，而搜索引擎是数据驱动的，让每个人都能够更快地找到自己需要的信息。其广告投放不仅能满足大品牌广告主的需求，也能满足小企业主的需求。

为什么亚马逊和淘宝 / 天猫这些电商网站能够超越传统的零售业？因为传统的零售业是分散的，受地域限制，效率低下，而电商网站是“全国一盘棋”，由中央数据库分析产品的即时销售数据和库存变化，能快速应变，效率更高。

一切以数据为驱动的运营思维模式，都是互联网思维，因此那些依赖人工编辑的互联网媒体、社区，依赖人力促进销售的互联网企业，都不具备互联网思维。

不光大企业要具备大数据平台，小企业也要有自己的大数据平台。用户在网络上一般会产生信息、行为、关系 3 个层面的数据，这些数据的沉淀，有助于企业进行预测和决策。一切皆可被数据化，因此企业必须构建起自己的大数据平台。

连接思维：让用户成为品牌的粉丝

连接思维，通俗地讲，就是“粉丝经济”。品牌需要的是粉丝，而不只是用户，因为用户远没有粉丝忠诚。粉丝是最优质的目标用户，一旦对某品牌注入感情因素，对有缺陷的产品也能包容。没有粉丝的品牌，在这个时代注定会消亡。

电影《小时代 1》豆瓣评分不到 5 分，但《小时代 1》《小时代 2》创造了 7 亿元票房的神话。原因只有一个：郭敬明的粉丝太忠诚了。粉丝是郭敬明的票房保证，他拍什么粉丝都会捧场。

迭代思维：紧跟用户需求，实现光速升级

传统企业的一个产品被开发出来后，可能要卖很多年，升级的速度通常比较慢。拥有互联网思维的企业则时刻都在研究用户需求，不断发布升级版的产品，从而更好地满足用户需求。

腾讯的游戏《穿越火线》在2008年3月首次推出，到2010年2月，两年时间内推出了22个版本，平均每个月推出一个新版本。微信从2011年1月推出到当年年底，在1年的时间里更新了11个版本，平均每个月迭代一个版本。光速迭代，是腾讯、阿里巴巴、百度、网易这些互联网“巨头”能够打败同行、脱颖而出的一个重要原因。

平台思维：打造现实、稳定、规模化的流量平台

平台模式最有可能成就产业“巨头”。全球最大的100家企业里，有60家企业的主要收入来自平台商业模式，包括苹果、谷歌等。品牌是平台的根基，是流量孕育的知识产权（Intellectual Property，IP）雏形；平台是品牌发展的高阶状态，也是流量帝国辉煌的水晶宫。平台，意味着现实的、稳定的、规模化的流量。

之前，通过网络平台被大众熟知的papi酱差点儿被罗辑思维收购。凭什么？因为罗辑思维早先是罗振宇的脱口秀，后来听的人多了，就成了“得到”平台，而当时的papi酱还只是姜逸磊的脱口秀，还只是个品牌。在papi酱从一个品牌变身为内容平台后，外人就很难收购了。

平台的意义，就好比赵本山的刘老根大舞台，就是“想复制出无数个赵本山的成功”；雷军的小米生态链的本质是“想复制出无数个小米手机的成功”；罗振宇“得到”App的本质是“想复制出无数个罗辑思维的成功”。

微创新思维：从细微处贴合用户需求，在用户参与和反馈中创新升级

过去，大家把互联网思维等同于大胆颠覆式创新。事实证明，这个世界不需要那么多大胆颠覆，它只需要从小处着眼，微创新即可。

“微”，即要从用户细微的需求入手，贴近用户心理，在用户参与和反馈中逐步改进。“可能你觉得是一个不起眼的点，但是用户可能觉得很重要。”360 安全卫士当年只是一个安全防护产品，后来成了新兴的互联网“巨头”，正是得益于其持续不断的微创新。

人本思维：让商业回归人本需求

商业是以人为本的经济，互联网让人的视角更加广泛，生活更加便捷，从而延伸了商业的发展空间。不管是传统实体经济还是互联网经济，经济的前提是尊重人，商业要回归人本身，凡是不尊重人的商业都立不住脚，互联网思维更需要将人本思维作为前提。

本节导读

特劳特定位理论是否仍适用

USP：将产品建立在消费者的“嗨”点上

对立性定位

两种简单有效的定位方法

特劳特定位理论是否仍适用

“定位就是在潜在消费者的心智中实现差异化，从而建立认知优势。”早在 1969 年，杰克·特劳特就提出了定位理论。他认为“定位要从一个产品开始，这里的产品可能是一种商品、一项服务、一个机构甚至是一个人，也许就是你自己。但是，定位不是你对产品要做的事，而是你对预期客户要做的事。”换句话说，企业要在预期客户的头脑里给产品定位，确保产品在预期客户头脑里占据一个真正有价值的地位。

定位理论一度被认为是最有建设性的营销理论，深深影响着全球商业，然而，近年来，决定商业战略的三大因素——环境、消费者、科技，在中国都发生了前所未有的变化。宏观环境在变化，经济增速放缓，消费结构升级；消费者在变化，不同年龄的消费者在不同时期的需求千差万别，快速更新；科技应用在变化，而大量品牌尚未找到适合自己的数字化之路。

这导致原来定位清晰的很多品牌的业绩下滑，一些国际大牌也纷纷撤出中国市场。与此同时，一些毫无定位意识、强调用户体验第一的“网红爆品”层出不穷，粉丝要什么就生产什么，这种迎合式产品迭代思维，确实捧红了不少品牌。

于是，就有人开始质疑：特劳特的定位理论是不是已经过时？

有位营销人员就此撰文并惊呼：“定位坑害多少中国企业？中国不同于美国，有着自己的特殊国情，将定位理论照搬照抄，害惨了很多中国企业。”公牛集团把自己定位为插座，从此只能在插座领域里“摸爬滚打”，再无扩张其他电工产品进行品牌延伸的动力和机会；健力宝集团把自己定位成保健品，并且一直死守在这个定位上，虽然一度被称为“中国魔水”，但最终还是淡出了人们的视线。

于是有人又说：互联网时代的定位，不再是你告诉消费者你是什么，而是消费者认为你是什么。

企业做不好，让定位理论来背锅？这种哗众取宠的逻辑，一点儿也没道理。事实上，定位理论并没有过时。不少企业业绩下滑，跟定位并没有关系，如果企业连定位的事情都做不好，怎么能指望做好其他事情？让健力宝去造飞机，消费者敢坐吗？健力宝淡出人们视野，是因为保健品在中国的“春天”已经过去，和定位有什么关系？国外品牌近年在中国遭遇增长迟滞与利润下滑的问题，那是线上对线下冲击所致，跟定位有什么关系？“爆品”之所以能成为“爆品”，恰巧是因为其定位精准，而“爆品”要想持续火爆下去，必须沿着品牌定位的方向“精耕细作”，否则只会昙花一现。

从业多年，我作为一名互联网观察者，研究了很多关于定位的内容，但是总结分析以后发现，在互联网时代，以下这两种定位比较有效。

USP：将产品建立在消费者的“嗨”点上

独特卖点定位（Unique Selling Proposition，USP）不是杰克·特劳特提出的，而是另外一个美国学者——罗瑟·里夫斯提出的。USP 理论有以下 3 个特点。

第一，必须包含特定的商品效用，即每个广告都要向消费者提供一个说辞，给予消费者一个明确的利益承诺。

第二，必须是唯一的、独特的，是其他同类竞争产品不具有或没有宣传过的说辞。

第三，必须有利于促进销售，即这一说辞一定要强有力，能引起大众的注意。

举几个例子。

1828 年王老吉在广州十三行开设第一间“王老吉凉茶铺”，中华人民共和国成立后依然开公司办厂售卖凉茶。1995 年，红罐王老吉销售了 7 年始终很难走出广东、浙南，产品始终仅限于一个地方。原因是其品牌从未经过系统定位，连企业也无法回答红罐王老吉究竟是什么，消费者就更不知道了，完全不清楚为什么要买它——直到 2002 年，USP 理论进入中国，机缘巧合之下，“怕上火，喝王老吉”这一精准定位的提出，使红罐王老吉一跃成为中国罐装饮料的龙头老大。

红牛饮料的“困了累了，喝红牛”也是运用了同样的 USP 理论——红牛饮料定位于解乏功能性饮料，让人一听就明白，场景很清晰；后来其口号更换成“你的能量，超乎你的想象”，这反而对定位的表达有些模糊不清，可能是企业做大了，想走情怀路线，却失去了之前的经典色彩。

USP 的另外一个经典案例就是“农夫山泉有点甜”。“甜”就是农夫山泉的 USP，让消费者很快就联想到这款天然矿泉水的口感，没有喝就很想喝，喝过之后就记住了它的“甜”。

对立性定位

品牌在具体定位时有以下 3 种操作方法。

抢先定位

“谁是第一个单独飞越大西洋的人？”

“谁是第二个单独飞越大西洋的人？”

大多数人都知道第一个单独飞越大西洋的人是查尔斯•林德伯格，却鲜有人记得谁是第二个飞越大西洋的人。这就是抢先定位的优势，抢先定位适合市场中的领袖品牌。

关联定位

大多数人记住了谁是第一个单独飞越大西洋的人，记不住第二个人，却又能记住第三个人，因为第三个单独飞越大西洋的人是女性。

关联定位适合后进者或跟随者品牌，企业只要显示出自己某一方面的不同即可。

对标定位

对标定位，就是要与领袖品牌唱反调，并非尽力成为比领袖品牌更好的品牌，而是努力变成不同于领袖品牌的品牌。可口可乐是具有百年历史的第一可乐品牌，号称全世界只有 7 个人知道它的配方，百事可乐无意和它比历史悠久、比配方，而是提出了“面向年轻一代的可乐饮料”的口号，声称这是“Pepsi（百事）一代”的可乐，因此成为第二可乐品牌。

本节导读

广告语“打天下”的做法为什么难以奏效了

如何迎合“窄告”时代

“窄告”正在取代广告

一句“收礼就收脑白金”让史玉柱东山再起，让脑白金活跃多年；

一句“农夫山泉有点甜”，让农夫山泉从“水世界”脱颖而出；

一句“怕上火喝王老吉”让王老吉“爆火”，变身新品类之王；

一句“白天服白片，晚上服黑片”，让“白加黑”深入人心；

一句“喝前摇一摇”，让农夫果园的“渣渣”变特色；

一句“为发烧而生”，让小米成功站上“风口”；

…………

一句好的广告语，能迅速提高产品知名度，令销量倍增。但这种奇迹只存在于过去了，现在靠一句广告语“打天下”，单纯投资硬广告，已经不管用了。

奥美广告的创始人约翰·沃纳梅有一句名言：“我知道在广告上的投资有一半是无用的，

但问题是我不知道是哪一半。”现在，“无用的”可不止一半。

广告打得比较响亮的品牌——美丽说，曾经耗资 3.38 亿元冠名《跑男 3》，结果收效如何？其创始人徐易容说：“2013 年、2014 年，互联网公司冠名或植入电视综艺非常有效，但 2015 年、2016 年之后，即使冠名所谓现象级的电视节目，也不过占据了用户几秒的时间，并不能有效触达某个三、四线城市的目标用户，形成转化。通过打广告来买流量，流量是有了，但企业真正要的是‘转化’。”

电视广告、网络投放，效果越来越差，那么纸媒投放呢？举个例子，一个在区域市场表现不错的电器品牌，为了打开全国市场，在某省报投了 57 万元的广告，结果“来电量”才不到 60 个，其中一半还是拉广告的。令企业备感压力的是，纸媒发行量低、效果差，但是近年的广告价格反而提高了。

广告语“打天下”的做法为什么难以奏效了

去中心化成为趋势

2006 年，经济学家托马斯•弗里德曼分析 21 世纪初期全球化的进程，认为“世界被抹平了”。10 年过去了，弗里德曼的预言成为现实：世界不仅被抹平了，而且被撕碎了，被结成了一张张大网，大网由无数张独立的、去中心化的小网组成。

汤姆•海斯和迈克尔•马隆也在《湿营销》中写道：“互联网的出现，深刻地改变了人类群体的构成方式，世界变得越来越缤纷多彩、复杂多变，破裂成无数个小群体；另一方面又逐渐汇聚成令人难以想象的巨大而混乱的整体。”

互联网时代，族群出现，正应了中国那句老话：物以类聚，人以群分。人群前所未有地被打散，人们的注意力在分散，这使广告失去了“一统天下”的前提。

消费者变得强势起来

截至2017年，全世界有52亿台手机，手机将消费者连接成一张大网，并通过移动社交App，形成了碎片化、多对多、交叉影响、传播与生产合二为一的传播模式，变成了消费者注意力的吸收器，当然，也彻底颠覆了传统媒体一对多的强势玩法；而社会化网络则形成了族群效应，使消费者变得前所未有的主动和强势。

如果将2013年称为移动互联元年的话，那么2013年之前，企业在消费者面前是攻击者和教育者，消费者是防守者和被教育者；2013年之后，一切反过来了——在互联网时代，消费者开始成为进攻者和教育者，产品成了消费者可任意更改和点评的对象。曾有人问小米创始人雷军："你们如何设计小米手机？"雷军回答："'发烧友'在网上提出他们想要什么样的手机，我们就按照'发烧友'的想法设计手机。"与其说小米站到了"风口"，不如说它最早懂得顺从消费者的奥妙。

企业是否存活，最终由消费者用购买力决定。一切营销活动的出发点和归宿都是消费者。过去，消费者是品牌信息的接收者或产品的购买者，现在他们多了体验者、传播者、参与者等角色。消费者的体验感悟和参与意见，对于企业的生死起着越来越重要的作用。一句广告语很难讨好所有的消费者，所以近年来针对不同族群的系列广告正变得流行。

竞争环境今非昔比

当市场上只有屈指可数的几个品牌时，消费者只需要挑选一个经常听说的品牌即可，在过去竞争不激烈的时代，一句朗朗上口的广告语，足以引发消费者的兴趣、刺激消费者的感官。现在，要想把一句广告语做到家喻户晓的成本实在太高了。几乎每个行业都陷入了"红海"之争，几乎各家品牌都在做着大大小小的广告，这很难让消费者把精力放在一句广告语上。

"一句广告语'打天下'"的时代已经过去，"一对多"的广告模式彻底被颠覆，这要求企业要在营销上去寻求突破，去迎合“窄告”（新型网络广告模式）时代。

如何迎合“窄告”时代

“哪里有注意力，哪里就有金钱”，消费者如今大多活跃于移动社交媒体，各个移动社交媒体上的受众组建成一个虚拟的小圈子，他们在这些密闭的虚拟或者现实的圈子里分享、互动、交流。这样的生态结构决定了基于移动社交媒体的“一对一、多对多”模式的社会化新营销正成为主流。

基于移动社交媒体的社会化新营销，与过去的互联网营销有着本质的区别。基于PC端的互联网营销，其实是把硬广告的简单直接玩法搬到了PC端。社会化新营销，要求分族群、分平台进行持续化精准投放。

首先，要放低身段，为目标群体定制内容

2015年6月20日，麦当劳推出了一种炫酷的服务——定制汉堡。消费者在自助点餐机上选择自己喜欢的配料和口味，下单支付后，就可以等着美味端上来了。为了这项服务，麦当劳准备了6类24种食材，所有的初衷只是为了“赢得年轻人的心”。产品需要定制，广告内容更需要定制。

其次，要勤奋，不要贪多求快

企业做营销要放弃“一统天下”“一炮而红”的陈旧想法，要建立一个内容“喂养”系统。在移动社交时代，要吸引消费者注意力，拥有好内容才是王道。只有有趣的、有用的内容，才能充分占据消费者珍贵的碎片化时间；只有高质量的内容、极速的信息传播速度和足够广的信息传播范围，才具有营销上的现实意义；只有接地气的内容，才能有

力地贯穿线上线下，形成“关注、兴趣、购买”的闭环和循环。如何创作内容、玩转社交，成了营销的关键。企业应设法持续打造营销信息，让内容在微博、微信、今日头条、百度百科、一点资讯、抖音、快手、小咖秀等社交平台上得以生存、扩散。把目标消费者聚集在一起，正成为企业和品牌得以生存和发展的“标配”。

"短视频 +"营销分红利

一段时间内，一大波吐槽抖音的文章来袭：《都是抖音惹的祸？》《抖音是如何毁掉我们的？》《上瘾的抖音，正在扼杀孩子的未来》……这些来自主流媒体的批判，从侧面印证了抖音的火爆、短视频行业的崛起。

2017 年，短视频行业迎来了爆发期。这一年，市场中的短视频平台多达 100 家。内容创作方面，越来越多的"玩家"参与进来，尝试分一杯羹；资本方面，"豪强"密集进场，各大平台掀起亿元级补贴大战。为了抢占"风口"，互联网"巨头"们纷纷不惜重金投入。

今日头条提出 10 亿元的短视频补贴计划；腾讯拿出 10 亿元现金来补贴原创和短视频内容创作者；百度累计向内容生产者分成 100 亿元；在阿里巴巴文化娱乐集团召开的短视频战略发布会上，土豆网宣布全面转型为短视频平台，投入 20 亿元补贴扶持短视频内容创作；搜狐视频和百度视频宣布强强联手加速布局专业生产内容（Professionally-generated Content，PGC），首期投入资金2亿元，扶植短视频创作自媒体人；花椒直播也宣布投入1亿元用于签约短视频达人，并且将对优质内容提供额外的补贴；甚至淘宝、大众点评等非传统内容平台的“短视频化”也火热开启，短视频模块的接口已经被预留。

众人拾柴火焰高，结果呢？速途研究院相关数据显示：2016年短视频的用户规模首次破亿，达到1.53亿人；2017年短视频用户达到2.42亿人；到2018年年底，短视频用户规模达到了5.78亿人。

问题是，百家争鸣，为什么抖音能脱颖而出？

要知道，定位于音乐、潮流的短视频，抖音并非首创，早在抖音之前，就有腾讯旗下的微视、新浪旗下的秒拍以及美图秀秀推出的美拍等相继出现，还有muse、小咖秀旗下的晃咖等。

抖音的崛起，至少得益于以下两大重要因素。

得年轻人者得天下

抖音火爆的背后，如同B站（哔哩哔哩）的成功——“90后”“00后”成就了抖音。抖音官方首次公布的用户群体数据显示：85%的抖音用户在24岁以下，主力达人和用户基本都是“95后”。

比起快手，抖音更追求时尚，更容易制造“现象级”短视频。依靠简单的海草舞、C哩C哩、手势舞……抖音在2018年春节迎来了新的高峰。

技术优势

抖音的创始人叫梁汝波，是今日头条的技术总监，大学主修软件工程专业，以技术人员的身份进入内容领域创业。

在技术的主导下，抖音实现了同行无法做到的两点优势。

其一，拍摄的简单化。任何一个人，只要拥有一部智能手机，就可以完成一条15秒的短视频的拍摄。抖音平台配备的可选择音乐、各种道具和拍摄风格，使一个新手在不懂拍摄技巧的情况下也可以拍摄出一条比较像样的短视频。

其二，内容的分发。抖音里，段子、才艺、模仿、励志鸡汤、景色等主题是最受欢迎的。用户关注什么，他的抖音App就会主动推送什么，比如某一用户关注美容和健身，就会看到很多关于美容和健身的视频。基于今日头条的成功经验，抖音通过一套独特的算法，把内容社区模式做到了极致。

尽管抖音带动了短视频的火爆，中国短视频平台的用户越来越多，但短视频的“春天”并没有真正来临。该行业面临着关键的一环：变现。这就是那么多人唱衰抖音的原因——叫好不叫座。那么，短视频究竟能不能变现？品牌能不能利用短视频平台做营销？

来看看国外的经验。据说最早引领短视频潮流的是谷歌，2016年4月，谷歌在YouTube上尝试了6秒视频广告，广告短小精悍、信息集中，让人来不及选择“跳过”就播完了。根据谷歌公布的数据，自2017年第一季度起，YouTube上使用6秒视频广告的广告主数量季度同比增长了70%。现在，YouTube上有1/3的广告主会使用6秒视频广告。

可见，利用视频分享平台做营销，是大势所趋。中国品牌商和短视频平台只是还没有找到成熟的合作模式，但这正是品牌营销的机会所在。

“短视频+”的时代正悄然来临，“短视频+旅游”“短视频+美食”“短视频+音乐”“短视频+农业”……支付宝在抖音开通了账号，小米手机在抖音上开心玩段子，海底捞推出了“抖音专用调味碟”，爱彼迎、马蜂窝、宜家、必胜客等也纷纷入驻抖音。抖音，真的火了。

如今，营销人员几乎已经达成共识——短视频将在很长时间内作为网络上最主流的营销形式之一。短视频还在红利期，虽然平台形式和科技永远在变，但每个快速成长和“井喷”式发展的技术或者平台，在发展的过程中都会有各种补贴和流量扶持。作为企业，需要不断去尝试，享受整体大环境带来的便利和红利期，同时从中找到最适合自己的营销方式。

很多企业会觉得自己的产品不适合做短视频营销。比如，家电企业总是担心自己的产品太大，不像小物件能拿在手里，做不起来。但是，正如“吹走雾霾，跟着海尔抖起来”，万能的“玩家”告诉你，没有做不到，只有不敢想。爱彼迎、天猫、网易考拉、雪佛兰、哈尔滨啤酒等企业，已经将自己品牌的电视商业广告编辑成竖屏直接投放至抖音开屏广告。

本节导读

“品牌 × 自媒体达人”

做内容、养粉丝、卖产品

企业自媒体营销“红海”突围

据新榜显示，2017 年，“papi”微信公众号共推文 137 篇，其中带有广告植入的文章共计 25 篇，占比为 18.5%。目前，papi 酱的视频广告中，冠名视频和植入视频刊例价为 200 万元一条；视频中如有品牌露出，露出时间 3 ～ 5 秒为 20 万元，5 ～ 8 秒为 30 万元。视频中，papi 酱佩戴某品牌产品 3 ～ 5 秒，或使用某产品 1 次，价格均为 30 万元。

因为参加了一次《奇葩说》，“戏精牡丹”成为 2018 年走红最快的短视频博主。他的《当妈妈独自带你去旅游》《放假期间不同时期的张娘娘》等多部短视频，全网点击量累计数亿，其微博粉丝近 200 万。现在，“戏精牡丹”每个视频的广告植入价位已经超过 40 万元。要知道，“戏精牡丹”在成为网红之前，是四川音乐学院影视戏剧表演系的学生，2017 年 7 月才刚刚毕业。

网红辈出，广告接不完，说明了什么？说明品牌开始关注并且重视自媒体广告，它们在传统广告的投放预算比例正逐渐下降，而在自媒体广告的投放预算比例则在逐渐增加。这一现象已成为显著的趋势，不可改变。就像互联网广告超越大部分报纸广告一样，自媒体广告也会超越大部分传统广告。

“品牌 × 自媒体达人”

自媒体营销是大势所趋。实力雄厚的品牌选择了捷径：与自媒体达人合作，通过他们的高流量，来为自己的品牌助力。

知名广告人约翰·卡普莱斯说过：“你可以让上百万人捧腹大笑，但不会有任何一个人购买你的产品。”约翰·卡普莱斯关于广告不要玩幽默的建议，可能在今天行不通了。生活在网络信息时代的消费者，更倾向于猎取逗趣信息。

papi 酱经常会发一些有趣的言论，如：“你这购物车里怎么才 70 来件东西，低于正常指标啊。”在搞笑中，她曾半小时内影响到洋码头 App 里 83% 的消费者下单购买，转化率可谓奇高。

2017 年 12 月 19 日，papi 酱为小米购物节植入广告语：“小米都知道感恩，真是生你不如生叉烧，养你不如养小米！”这让雷军异常满意，转发 papi 酱的视频微博并点评到：就是一个大写的服！

品牌商借助自媒体达人进行宣传早已是常见手段，网络上粉丝量级与 papi 酱的粉丝量级接近的关键意见领袖也大有人在，但通常其发布广告相关内容的数据都显著低于平时的微博内容的数据，为什么 papi 酱打广告能够取得内容热度和广告效益的双丰收？因为 papi 酱的内容创作能力非常强，她所做的广告从来不只是尴尬地宣传鼓吹，而是能够深植于内容本身的趣味闪光点。

“品牌 × 自媒体达人”，品牌曝光量是其次，最重要的是转化率。大品牌要的是知名度，小品牌以生存为主，因此，在和自媒体达人合作之前，企业可得事先算好一笔账。

做内容、养粉丝、卖产品

与自媒体达人合作是捷径，自建自媒体平台，把品牌 IP 化运营，则是当下企业营销的“标配”。“做内容、养粉丝卖产品”是企业自媒体营销的秘诀。企业要想办法把品牌变成真正活着的生命体（俗称 IP），企业家不仅要把产品品牌做成内容，还要想办法把自己也变成一个好内容（俗称“网红”）。

你以为做网红，只是“江湖人士”才会“玩”的事情吗？苹果公司的乔布斯、小米的雷军、360 的周鸿祎、格力的董明珠，这些企业家都以代言自家的产品而活跃于网络，就连一向低调的华为创始人任正非和万达董事长王健林，也开始频频在网上露脸。

网红时代，做实业的怎么办？类似 papi 酱的自媒体达人的广告费太贵，一般的“大号”发一条微信也得 3 万元起，这逼得企业只有一条路走：从“媒体购买者”变成“内容创造者”。

本节导读

“品牌 × 品牌”的力量无限大

企业间的“共同进化”是未来主流

“1+1 > 2”，品牌联合营销势在必行

在经济学中有一个理论叫“龟兔双赢”：龟兔比赛了多场，互有输赢，后来，龟兔改变了思路，兔子在平地上驮着乌龟跑，然后乌龟再驮着兔子过河。这就是双赢，凡是干大事必须靠大家的共同努力，凡是事业成功的人都是善于合作的典范。

双赢是寻求自身利益的同时，也主动考虑并照顾对方的利益，创造性地寻求双方的共同利益点，以互惠互利为关系基础。

“品牌 × 品牌”的力量无限大

在供过于求的品牌营销大战中，其实品牌的定位、做法、投入在某个时间段都会碰到瓶颈。在这样的情况下，联合营销是实现品牌宣传效果最大化的最好选择。品牌可以选择适合自己的合作对象，通过创意呈现打出一把很好的组合牌。

下面讲一个传统企业的网络逆袭案例。

2017年3月，在世界水日来临之际，方太联合中国妇女发展基金会、京东公益发起了一场别开生面的公益行动——“给你我的水”，这一行动堪称一场全民公益大联欢。

这场行动开始于3月20日，方太在微博发布了《一封带有70个错别字的公益联名信》，这封联名信错字连篇，但是内容非常有趣，不仅丝毫不影响阅读，反而让这封信看起来更加有爱。信的主旨是号召个人和企业参与“给你我的水”公益行动，参与形式别出心裁，不是募集善款，也不是为缺水地区捐助饮用水，而是捐出品牌或自己名字中的“氵”或“冫”偏旁，感受一下“没有水”的不便，募集100万个含有“水”的名字后，方太就会为缺水地区之一——陕西省白水县捐建母亲水窖。

方太率先捐出名字中的水，称自己为方太水槽“先”碗机，随后50多家品牌、媒体、机构也做出了响应，纷纷捐出名字里的水，包括雀巢优活、滴滴出行、海信电视、汉堡王中国、吉利汽车等。这场活动有趣又有爱，马上发酵成为热门话题，也引发越来越多企业、高校、网友的爱心接力，参与的人越来越多。

上述案例有力地证明了在这个社交媒体时代，联合营销是多么重要。

企业间的“共同进化”是未来主流

美国学者詹姆士·穆尔提出了企业间要“共同进化”的概念。在市场经济中，如果信奉达尔文的自然选择，那只有最合适的公司或产品才能生存，经济运行的过程就是强者驱逐弱者的过程。而“共同进化”则需要打造“商业生态系统”。这种特性在互联网时代表现得更为明显，互联网本身是一个绝对开放的平台，它天生具有排斥垄断的基因，在这个生态系统里，企业与企业间没有绝对的鸿沟，“脑洞”大开的合作才是未来的主流。

第七章

营销新人的基本生存法则

每一个营销人员都经历过从入行时的如履薄冰，到跌跌撞撞地成为精英的艰辛历程。不断变化的营销环境，让营销告别了只需要动动嘴皮子的时代。如何成为新时代营销人员，这是一个需要思考的问题。

本节导读

营销是个体力活

营销是个耐力活

营销是个技术活

营销是个脑力活

营销是个体面活

营销即生活

营销人员请正视营销

一大群人在一起，团队气氛很活跃，大家都极富激情，所有的问题，通过大家的努力总能迎刃而解，尤其是对于凝聚着众人智慧结晶的案子，在说服打动客户的时候，一种由衷的自豪感和成就感在团队成员心中油然而生。

这是我小时候看电视剧时，经常看到的营销人员的一种工作场景。

但是电视剧里所传达的一些营销概念在现实世界中却并不是那么回事。我所在的公司曾招聘过一些人，他们入职工作刚一周就提出离职，问其原因，说是感觉跟自己想象中的营销不一样，他们理解的营销人员都是电视剧里那种出入高端场所，靠一个案例就能走上人生巅峰……

时隔多年，一路跌跌撞撞，从误打误撞入行，到现在成立公司，我根据自己的亲身经历，从一个公关人、一个营销人员的角度总结了 6 个方面：体力、耐力、技术、脑力、体面、生活，据此来阐述营销。

营销是个体力活

我曾经面试过一个年轻人，他来面试公司网络事业部口碑营销策划一职，而在这之前他一直是做软件开发的，且是纯技术层面的开发。我问他为什么要转行，而且要选择一个自己没有任何经验、完全陌生的行业，他的回答是这样的：“首先我很向往这个行业，这个行业是一个很有挑战的行业，而且非常轻松，每天也就动动嘴皮子，不像我现在的工作，每天要面对各种烦琐的代码……”我相信肯定有相当一部分人就是这么理解这个行业的，他们理解的营销、他们认为的策划，就是这样的状态，可是我要说的是，营销其实是个体力活，它没有那么简单。

先说一种现状：很多营销公司、公关公司的员工普遍年轻化，年龄较大的，要么已是公司的管理层，要么转向公司运营管理、项目管理或客户管理，这是一种现状，也是一种无奈，因为从事这个行业，年纪大的人真的拼不过年轻人。

我从事营销策划行业近 10 年，从踏入这行开始，就没有一天准时下过班，我相信这其中可能有自身的原因，或许是自己办事效率不够高，但是从我接触过的无数同行来看，这是一种普遍的现状，相信不是所有的人都是因为办事效率不高而不能准点下班吧。

或许会好不容易遇到一个节假日，可是无论去哪里，都不得不随身带着笔记本计算机和无线网卡，准备随时接受来自各方的“干扰”，进而不得不回去加班，谁让我们是公关人呢？从踏入这行开始就注定了这样的工作状态。

接到客户需求后，营销人员需要不断地去分析客户的需求，研究对方的产品，然后梳理自己的问题，进而跟客户沟通，引导客户的方向；等一切都明白后，营销人员就要开始做大量的调研工作，分析客户的“前世今生”，比如，客户以前做过什么，做得怎么样，采取什么方式做的，找到其核心诉求点，分析其以往做得好与坏，找到其核心卖点，提炼出其精华；这一切准备就绪之后，开始头脑风暴，请大家一起出谋划策，再整理创意，最终形成大纲后，向客户讲述思路，并获取客户的反馈。

然后才进入方案撰写阶段，这其中的每个环节都很烦琐且费脑，当然，如果有人抱着差不多、敷衍了事、交差的工作态度则另当别论，因为事情没有尽善尽美的时候，如果想要做好，那么就必须不断地去完善再完善，而甲方客户给出的时间是有限的。

举个例子，我曾加班加点写方案分析到凌晨，好不容易最终经讨论定稿了，结果在出差的火车上，大家一起讨论时发现了新的思路，然后我在火车上把方案又改了一遍。终于到了出差目的地，在拿到竞争对手的名单后，我又开始分析双方的优劣势，分析完之后又有了新思路，决定把原先的方案推翻重写，而这时已经是晚上了，于是，我通宵修改方案，再和大家讨论、完善方案，一直到次日早上7点，此时只能洗个脸、冲个澡，强打起精神出门去客户那里沟通提案。

9点钟开始讲标，讲完后听取客户的反馈，大家讨论结束以后，我回酒店继续修改，修改完以后发给客户，客户确认后，已经是下午四点了，饭都顾不上吃，便匆忙赶往火车站，准备返程……这只是一个个例，但是这样的个例真实地存在于这个行业，而且司空见惯。项目进入执行后，诸如凌晨两点被客户电话叫起来改内容，临下班时客户要求第二天上班前必须收到方案等，都是既紧急又重要的事情，只能加班加点。

这还只是线上活动，如果遇到线下活动，前期准备暂且不说，到了活动现场，连续几天几夜不睡觉也是很正常的，更别提按点吃饭了。

交付方案之后，对方的一个修改意见就可能让你一周的辛苦白费，一个电话就可能让你彻夜不眠。

所以说营销是个体力活，不要以为营销人员都是高级白领，坐在高档的办公室，每天就是出出点子、动动嘴皮子，这一切只是表象。踏入营销的第一步，就是拼体力，尤其是从事网络公关、网络营销的营销人员，因为网络是动态的，用一句做危机公关经常说的话来形容：以前做危机公关还有一个 24 小时定律、72 小时处理的措施，但是在如今的自媒体时代，别说 24 小时，就连 24 分钟都耽搁不起，尤其是危机公关，毫不夸张地说，危机公关是一个节奏极快的行业。

在这个如此快节奏的行业中，从业人员如果没有超强的体力是很难坚持下来的，所以选择营销策划行业，就要抱着一种吃苦的心态，否则很难发展。正在从事公关行业或者准备入行的年轻人，请做好心理准备，要想成长，先过第一关——体力关。

营销是个耐力活

前面说了，营销是个体力活，或许对很多人来讲，这并不是困难，因为我经常听见很多新人刚入职时都信誓旦旦地表示自己能吃苦耐劳，相信如果真的对这个行业感兴趣，吃点苦，很多人肯定都能做到，但是耐劳就不一定了。因为吃一时之苦，相信大家都会安慰自己忍一忍就过去了，可是如果持续 3 个月甚至更久时间处于一种长期压抑和快节奏的状态，你能接受吗？

而且，肯吃苦，首先要克服自己内心最大的一个敌人——懒惰情绪，要从脑海里屏蔽仿佛、大概、应该、可能、差不多等词语，记住：任何营销的终极目标都是提高客户的销售业绩，都是为了最终能给客户带来最大化的效益。

而这一切就需要所有的营销人员持续不断地投入，持续不断地充满激情，你能做到吗？你能做多久呢？尤其当你筋疲力尽，内心打退堂鼓的时候，你还能坚持多久？

当夜深人静、大家都已入眠的时候，你还会继续改你的方案吗？当你很困时，你会选择草草了事还是继续完善？

所谓路遥知马力，我一直认为，在营销这条路上，不在于跑得有多快，而在于能坚持多久，能否踏踏实实地做好每一天。说着很容易，但是要做到真的很难。

营销是个技术活

前面说的是理性层面，接下来说说技术层面吧。营销不亚于任何一门技术，因为它本身就是一门技术活，而且是一门综合的技术活。

首先，做营销、做公关的人，要熟悉各种网络工具

不论是搜索引擎还是各种主流媒体，营销人员都要熟悉，不仅要会玩，并且要玩好，比如要熟悉它们的特征，要了解它们适用的人群、受众的特点，还要具备一定的文字功底。并且单纯的文字功底肯定是不够的，营销人员至少要能熟练驾驭 4 种文案，如新闻稿、论坛稿、博文、微博文章等；此外还要熟悉各种办公软件，如果还想做得更为全面的话，微电影脚本、剧本、拍摄、剪辑，网站原型，广告学，营销学，心理学，等，这些都是用得上的，这里就不一一列举了，可以说，营销绝对是一门技术活。

其次，做营销的人，必须要懂沟通技能

现在的客户面对的选择太多，时间也比较紧，营销人员要能用最简练的语言清楚地表达自己的产品的特性和功能，让客户听完之后，能对产品有一个全面的了解。进一步来说，营销人员要能准确地把握客户的情绪，如客户的偏好、什么能引起客户的购买欲望等，如此，才有可能打动客户，促进成交。

最后，营销人员必须具备一定的专业知识

对于甲方的营销人员来说，他只需掌握自己所在行业的专业知识就好了；而对于乙方的营销人员来说，他必须全面掌握所服务的每一个客户所在行业的专业知识。“在什么山上唱什么歌”，营销人员想指导别人怎么做，自己首先得成为专家，掌握最基础的专业知识是最基本的要求。

营销是个脑力活

托尔斯泰讲过一句话：“全世界最难干的事有两件，第一件事是把我的思想放到你的脑子里，第二件事是把你口袋里的钱掏出来放到我的口袋里”。营销把这两件事变成了一件事，就是既要把我的思想放到你的脑子里，又要把你口袋里的钱掏出来放到我的口袋里来。简而言之，营销就是把营销人员的思想放到客户的脑子里去，把客户的钱拿过来。

网络公关人员目前处境艰难，在夹缝中只剩下创意。

想要生存下来，难；想要在生存的基础上生活，更难；想要生活得好，难上加难！网络公关人员的唯一出路也就是创意了。创意营销属于智慧性输出工作，所以说营销是个脑力活一点也不为过。

而对于脑力工作者，其工作是没有时间限制的，做营销、做公关讲究创意，而创意往往来自不经意间。灵感总是来得突然，去得也突然，很可能这一秒冒出的灵感下一秒就消失了。所以对于灵感，营销人员需要随时“备份”，这样回头再思考的时候就能进行更深的挖掘，把它变成现实。

对于渴望成功、热爱营销、希望做出经典案例的营销人员来说，时间永远是不够用的，每一分、每一秒都是宝贵的，所以营销人员要养成随时记录灵感的好习惯。俗话说“活到老学到老”，当今时代是网络时代，信息大爆炸时代，每天都有海量的新鲜事物和技术的革新，只有珍惜每一分钟，营销人员才能不断地储存大量的知识，有了大量的知识储备，营销人员的脑子里才有“货”，这样，思维才能变得灵活。

“失之毫厘，谬以千里”，今天你在思想上偷懒了，你可能只比别人晚一天，但你的成功就可能比别人晚了许久。如果有一天不进步，就可能会被竞争对手超越，就可能被客户淘汰。要知道，拖延是会翻倍的，一旦拖延了一点，那么整理文案的周期就会不断地延后，这就是为什么人们经常强调时间管理。所以懈怠一天不是无关紧要的小事，胜利者往往就赢在这一天。

所以，虽然营销人员的工作时间可能一天就几个小时，但是其思维和大脑其实每时每刻都在工作，如果连这个基本功都做不好，那么就只能和别人拼执行力了，但是，如果把一个属于智慧创造的工作，做成了计件工资的形式，那么很难有大的发展。

营销是个体面活

营销行业，是一个智慧输出的行业，也是一个高手过招的行业，更是一个创意求生的行业。虽然营销人员都是用专业知识向客户阐述营销理念，但是很多时候客户对结果是有所顾虑的，因此，营销人员必须靠自己的努力去感动客户、说服客户。

要做到这一点，营销人员首先得打造良好的个人形象。人与人交往，最重要的是精气神，而必要的装备能加分。

基本的个人形象问题解决后，营销人员还需要用丰富的思想和知识来武装自己的头脑，包括强大的理论思想、各种法则以及办公工具的用法，营销人员的脑海里应该装有成千上万的案例和不计其数的点子，让客户相信你勾勒的美好愿景。

营销即生活

当营销人员做好以上几点的时候，说明已经入行了，接下来就是态度问题了。营销人员一旦进入了这个行业，就要把它融入自己的生活，形成一种习惯、一种态度（营销工作是脑力活，而脑力活是没有时间限制的）。

生活中处处充满营销，人们每天都在接触这样或那样的营销，所以营销人员要养成一种好的习惯，即不断地去观察日常生活中的各种营销事件，比如坐地铁、公交看见的地铁广告、车媒体广告，或是大街上各种店面的广告、商场中的各种促销活动等，生活处处皆营销。

本节导读

兴趣是最好的老师

营销人员首先要学会做人

不知你是否留意过，越是工作时间长、越是有经验的人，对于自己的职业规划乃至事业的选择，越是比较随性、随心，说直白点，他们通常会选择自己感兴趣的事情。

兴趣是最好的老师

回望我的职场路，从平面媒体编辑到网络编辑，再到公关公司做营销策划，然后到自己创业，不能说自己有多大成就，但至少每一份工作都能激起我的兴奋点，能让我发自内心地喜欢，激励着我一直去努力提升自己。我的生活一切都是按照自己的规划一步步在慢慢改善，而带来这些改变的就是我的兴趣爱好。

我现在越发深刻体会到：兴趣是最好的老师，爱好是最大的动力。一个人能够尽早发现自己真正感兴趣的事，并且将兴趣培养成为专长，才能在事业上、人生中“把事情做对”。这是一种挥洒自如的人生智慧，将给人们带来成就感满满的幸福人生！

本节导读

营销人员创业的优势

创业前问自己几个问题

创业需要三大核心要素

学会做减法，绕开两个关键陷阱

创业不得不面对的 4 种人——大人、小人、内人、外人

营销人员创业更容易成功

现在，只需 1 元就可以注册公司。申请时无须硬凑资本，只要诚实守信；松绑公司登记，不需要提交验资报告。创业门槛降低了，创业手续也简单了。同时，政府旗帜鲜明地支持创业，各项支持政策也纷纷出台。

随着“互联网 +”时代的到来，社会各界一致认为，中国的第 4 次创业潮来临了，并且这次创业潮有着中国近 10 年来最好的创业环境。

营销人员创业的优势

这是一个“大众创业，万众创新”的时代，马云的一句“梦想还是要有的，万一实现了呢？”牵动了亿万有志之士的心。越来越多的年轻人投入创业大潮，试图开启财务自由新人生。其中，很多营销人员更是难以按捺内心的激动，他们认为在创业这件事上，自己有先天的优势。为什么这么说呢？

第一，营销人员天天和企业总经理打交

道，对于策略、规划、年底增长率、3 年新跨越等如数家珍，他们认为自己有足够的能力做好企业的掌舵人。

第二，营销人员认识很多企业管理者、营销总经理，他们手里不愁没有好的产品资源。

第三，营销人员手下的销售团队、销售渠道都是现成的，他们觉得自己只要举起创业大旗来，应者自然云集。

第四，关于创业资金，营销人员也有一定的底气，要好的朋友收入都不低，拿点钱出来支持一下，还不就是一句话的事儿？

脑子有了，产品有了，团队有了，渠道有了，资金有了，创业成功还不是水到渠成的事？！

理想总是很丰满，现实却很骨感。在我身边有很多营销人员营销做得很不错，创业却败得一塌糊涂，为什么会这样呢？

不当家不知柴米贵，很多人以前做营销的时候，凡事喜欢搞得热闹非凡，同时花钱也是毫无节制，等自己当总经理了，才会发现捂紧口袋用钱是多么重要，成本费用有多么高，很多人创业失败就败在被成本吓倒了。

营销属于“高压”“高收入”的工作，它需要从事者有异于常人的吃苦精神，有时甚至需要从业者连续几个礼拜不眠不休，在项目攻坚的时候，需要有不抛弃、不放弃的“死磕”精神。可自己当总经理之后，很多人才真正理解了什么叫“死磕”。打工的时候，无论如何，有领导和企业在背后支持着，可自己当总经理之后，一切都得靠自己。有些人失败就败在被压力压倒了。

营销人员自以为拥有足够的团队资源、渠道资源、产品资源，但等自己创业的时候才发现，离开了实力雄厚的企业做支持，之前跟你熟络的渠道商们，也没那么好谈判了。开出的工资比同行低了 200 元，多好的朋友交情也可能就此破灭。

总之，营销人员虽然具备一定的创业优势，但还是要做好打攻坚战的准备。

创业前问自己几个问题

过去，提及创业者，往往都是社会精英，在那个特殊的年代，很多人投身商海，白手起家，将自己的青春、热情、理想、知识与经验转变成了属于自己的第一桶金。而此后的10年当中，大学生创业开始崭露头角，大学生扛起了创业大旗。一位中关村创业部门的负责人高兴地宣告：创业潮已经催生“21岁现象”，近年来大三开始参与创业的也不乏其人，甚至很多高中生也跃跃欲试要创业！这让人们不得不思考：创业真的不需要门槛吗？

What：创业 = 大忽悠？

“创”即开始，也有首次的意思。曾经的创业在大家眼中，是创立局部市场上没有的经营项目，是从无到有的过程；而今天，在互联网的加持下，人们将很多已有产品经过包装，打上新的标签，就开始讲创业故事。其实这种所谓的创业顶多算是自谋职业。

还有人说，网上开个淘宝店铺也挺好，自由，还赚钱。但是比起10年前，现在淘宝店竞争日趋激烈，而且，淘宝网发展了10年，做大了几个高新技术企业？真正带来的实质性社会价值突破，谁又冷静地计算过？

Where：创造资源？资源浪费？

整合资源，重新书写规则就可以寻找到商业机会，但是现有的规则都有问题吗？市场规则的改变是一个漫长且循序渐进的过程。互联网时代确实改变了一些市场规则，但并不是营销几个概念、喊几句口号就可以去重新书写市场规则。

营销概念、过度注重包装、模仿他人产品、醉心于资本运营，这些确实可以在短期获利，但不注重产品的实质提升和突破，没有核心竞争力，能走多远？

现如今不少创业者停留于模仿他人产品、营销概念，这只是新瓶装旧酒，这里面消耗的巨大社会资源谁在买单？失败之后，谁给他们收场？

创业热潮拉动的国民生产总值确实令人欣喜，但是细化到个人，有几个欣喜的？

Why：创业教育是否过猛？

如今的大学就业办公室几乎变成了创业办公室。过去追求的就业率如今也变成了创业率，似乎只要选择创业就会有各种光环、各种美好的未来等着你，可是对于刚刚走出或者说还没走出校园的大学生们，他们其中有多少人知道创业的失败概率？对创业该具备的素质又了解多少？

“哪怕失败也要精彩一次”，这口号没错，可是这样的口号催生的心浮气躁、急功近利、不切实际、重营销轻实质的坑，又需要拿什么来填？精彩分别人的和自己的，当你发现自己离精彩有些远，转身再去选择就业的时候，往往已经错过了最佳的职场学习期。

How：你是天才创业者吗？

“2014 年新创办企业 9 000 家，远超 2013 年的 6 000 家，呈井喷式增长，这是中关村的历史性飞跃。”中关村科技园区管理委员会创业处某管理人员曾经兴奋地在媒体上宣告。

“‘梦想导师，点亮你的人生。’这是微软创投加速器的业务模式。我们一年敲定的 19 家企业，是从 700 个报名企业中遴选出来的，通过率不到 3%，比哈佛大学 6% 的录取率还要低。”微软加速器负责人也曾经这样激动地告诉媒体记者。

16 岁的天才少年齐麟致在无产品、无创业团队、无经验的情况下破例入选微软创投加速器，原因是“就是想让他的天赋与市场需求找到最佳结合点”。

无产品、无创业团队、无经验就开始创业，是现在很多“创业者”的现状，创意与异想天开有些接近，不好分辨，但是人们对于天才的定义还是比较统一的。但，你是天才吗？

新创办企业 9 000 家，但存活时间超过 1 年的有几家？通过率不到 3%。那剩下的 97% 结果如何？是谁造成了这一波又一波无产品、无创业团队、无经验就开始创业的“三无”创业群体？

创业是一个永远也说不完的话题，创业本身并没有错，只是选择创业的人应该冷静地想想，自己的精彩应该是怎样的。

创业需要三大核心要素

第一，人际关系。当你决定选择创业后，你是否考虑过从哪里入手，入手了怎么去做，遇到困难怎么去解决？这些是创业的必经之路。缺少创业领域的人际资源，相对来说起步会更难。作为一个“草根”创业者，所谓的人际关系并不是你认识多少人、你有哪些实力，而是在你的创业领域能帮助你的人有多少。体现自己价值并得到别人的认可，别人才愿意相信你，投资你。所以，练好“内功”，形成自己的核心竞争力，是创业的基本要素。

人际关系固然重要，但更重要的是如何去提升人际关系。要提升人际关系，你必须既有自己的专长，也是一个杂家。懂得分享、心胸宽广的人，才更容易与人交往。

关于赚钱也一样，有些创业者总想着做大项目，赚大钱，可是看不起小钱，怎么赚大钱？没做过小单，客户怎么放心给你大单？凡事总要有个过程，不积跬步，何以至千里？

第二，领导者。作为创业核心要素之一，创业团队的领导者角色，注定是最辛苦的，领导者要耐得住寂寞、熬得住孤独，总有那么一段路是一个人在走。柳传志有一句经典的九字格言：建班子，带队伍，定战略。创业前应思考清楚，你是不是具备这样的能力？你是不是具有足够的人格魅力？在没钱、没项目的时候你能不能用自己的人格魅力吸引人才加入？能不能找到好的项目？能不能带领团队灵活应对各种困难？

在起步阶段，领导者只有把握好大方向，稳住团队，才能在以后艰苦的创业路上稳步向前。当团队中出现争执，双方意见不一致时，领导者要在有效控制风险的前提下，带领团队大胆地去尝试。实践是检验真理的标准，给团队试错的机会，团队才能成长。

第三，团队。团队一定是由有组织、有纪律、优势互补、精诚合作的搭档组成的。团队的核心要素就是互补，领导者要把合适的人放在合适的位置。我听过无数的人在讲西游记团队、刘关张团队、宋江团队，这些团队都有共同的特点，即有一个灵魂人物和一帮各有特长的干将，他们心中都有一个共同愿景，并为之拼搏。

单打独斗的时代已经过去，现在的创业需要一批靠谱的人、互补的人、拥有共同目标的人，这样即使遇到再大困难，都能定力定心攻克。这对于创业公司尤其是刚起步的创业公司而言，是极度痛苦的：没有项目愁生存，有项目愁人才，现成的人才要求高，跟你“一条心”的人才又跟不上。

针对这个问题，创业公司在不得已的时候，只能启用短期工，因为公司前期需要生存，要最大化地开源节流。客户至上，这是公司生存的招牌，招揽到项目之后，公司就必须尽可能地提高待遇以吸引人才来保证项目的执行，项目结束后解散团队，这样公司不需要长期承担高昂的运营成本，人才也可以灵活寻找自己喜欢的平台。当然，这仅适用于早期创业的公司，因其可解一时之急，不是长久之计。

学会做减法，绕开两个关键陷阱

创业要把握好以上 3 个核心要素，这是做加法，此外创业者还要学会做减法，绕开两个关键陷阱。

第一，该放弃的项目要果断放弃。

1% 的希望要不要付出 100% 的努力？其实真的没必要，因为成功是不可复制的，对于创业者而言，一定要非常清晰地认识自己公司所处的环境。

对于那些可有可无的项目，该放弃就要放弃，因为你的精力、人力、财力是有限的，没有必要耗费大量人力、物力去争取那些没把握的项目，而且长此以往，这将对你的团队形成莫大的打击，让大家失去信心。因此，一个项目的成功概率如果低于50%，建议放弃，毕竟，生存才是第一要义。

第二，少点奇迹，多点现实。

经常听见不少创业者抛出诸如“创业要1年内做到行业著名，3年内做到全国知名，5年内做到第一，7年内上市”的豪言，其实不然。把创业视为生命、把创业神化、把上市作为创业目标的都不靠谱，现实点，先活下来最要紧。有一项数据显示，创业公司的平均寿命不到5年，所以创业者先想想怎么让自己的公司活过5年吧，“大饼”就别画了。

创业不得不面对的4种人——大人、小人、内人、外人

很多人认为创业对于上班族是一种解脱，创业应该比上班自由，不用早起，不用打卡，自己想干什么就干什么。其实真正创业后才知道，选择创业就意味着没有了白天晚上之分，更别提周末、节假日了，一天24小时，其中20小时创业者可能都处于工作状态。

2012年，江苏常州某活动对创业做了一些解读，认为创业者必须学会面对4种人：大人、小人、内人、外人。

大人。对于创业者来说，大人就是客户。服务客户是天经地义的，服务本身就是给客户一种感受，是一种对于客户的响应。我曾服务过一个世界500强的企业，服务期间正好客户出国了，我每次都提前做好工作并早早发给对方，但因时差的原因，不知道有多少次在凌晨两点多，被客户从国外拨来的国际电话给叫起来跟他“死磕”方案。

小人。对于创业者来说，小人就是指恶意的竞争对手，以及骗取创意方案的合作方。

内人。对于创业者来说，内人就是自己的家人。我在创业期间，常

常天没亮就出门，半夜才回家，对于家人一直心有愧疚。

外人。对于创业者来说，外人就是周围的亲友、同学等。每当和外人聊天吃饭时，他们总会调侃："哎哟，最近混得不错嘛，都当总经理了。"殊不知，一个简单的调侃会让创业者的压力更大，今天的事业有点起色，并不代表明天依然不错，创业路上的每一步都是如履薄冰，创业者不想向外人证明自己能做什么，只为点亮自己心中的那座灯塔，照亮自己的漫漫人生路，给自己的人生一个交代。

当然，创业者在取得一点成绩时，往往会充满自信，但创业路上最大的困难不是经历了多少挫折，而是抵制了多少诱惑，它们无时无刻不在挑逗欲望，只有忍住诱惑的人才会成为真正的人才，才能成功。

我很幸运生长在互联网改变世界的时代，更有幸的是我不但是见证者，还是参与者，行业的竞争使我每天时刻保持着对事业的激情和归零的心态。创业不是百米冲刺，而是马拉松，我希望用自己的创业经历来激励更多的年轻人踏上创业这块沃土，一起享受创业，一起分享创业。人生最后悔的不是做了一件失败的事情，而是本来有机会做自己想做的事而没做。

本节导读

整体经济环境的挑战

从业人员专业水平的挑战

合作方式的挑战

业务形态的挑战

媒体“反扑效应”的挑战

每天被挑战，很痛苦也很充实

先讲几个我在日常工作、生活中遇到的小故事。

故事一：我在某次去深圳出差时，应朋友之邀到他们公司做了一场交流会，感触颇深。2018 年年初，该公司面临业务转型，总经理为此一次次来北京学习网络知识，请教与营销相关的问题……当我再次到他们公司做分享的时候，让我惊讶的是，不到一年的时间，他们的网络事业部从无到有，到如今已是一个拥有 64 名全职员工的团队。

故事二：跟朋友聚会，这些朋友大都是公关营销一线从业者，身居各个乙方公司总监级别以上的职位，手握众多大企业的营销项目，拿着还算不错的收入。大家探讨最多的一个问题是“上岸”。作为公关人员，为他人做了这么多年嫁衣，也该为自己做点事了。

故事三：最近连续接到猎头电话，情况有两种，一种是抛出不菲的薪金来挖我，另外一种是开出惊人的价码让我帮助挖人，目标人物基本都锁定在营销策划公司总监级别以上的人。虽然历年年初都会接到类似电话，但今年类似电话似乎来得更早和更猛烈。

以上 3 件独立的事件发生在不同的时间、地点、场景下，可以说毫无关联，我却脑洞大开，妄加揣测它们实则暗示着一个行业未来的变迁和动向——未来广告、公关之类的营销策划公司面临的挑战将越来越大。

整体经济环境的挑战

营销人员面临复杂的外部环境，经济转型阵痛凸显，营销策划行业更多是依附于产业经济的服务。每到年底各企业开始进行下年预算的时候，明显地让人感觉到甲方都在削减预算，“狼多肉少”的压力显而易见。

从业人员专业水平的挑战

未来，互联网行业的界限会越来越模糊，乃至消失。企业对互联网的接受度越来越高，互联网思维已经渗透企业的每个工作岗位乃至个人的日常工作，未来将不会再有互什么联网行业，而是全部行业互联网化。

所以，无论是广告公司还是公关公司，门槛也就越来越高了。众所周知，在很长的一段时间里，营销策划公司一直被视为“靠忽悠”谋发展的公司，尤其是互联网营销公司，更是一度被认为是一本万利的平台，所以很多人都投身其中，加之适逢互联网迎来迅猛发展，所以整个互联网行业的门槛都很低，从业者的素质和专业水平也良莠不齐。随着科学技术的发展，现在的互联网行业不再仅仅局限于某一特定的领域，对于相关从业者的要求也更高，除专业知识外，社会学、心理学、分析学、逻辑学、美学等也都是需要考量的因素，因为现在的营销更多需要综合协调才能完成。

合作方式的挑战

企业对网络以及新媒体营销的重视程度与日俱增，在这方面的投入比例也越来越高，同时，企业对营销的要求也越来越高，基于对人才储备、沟通机制、成本、营销效果等因素的考量，企业会越来越倾向于组建自己的网络团队，逐渐摆脱对营销策划公司的依赖，这也必将导致营销策划公司与之合作的形态转变：要求服务公司深入客户企业内部，甚至参与企业的产品前期研发至后期销售的每一个环节，扎根客户企业，长线合作，与客户企业形成利益共同体，双方不再是单纯的甲乙方关系，而更多的是伙伴关系、兄弟公司的合作关系。

业务形态的挑战

第一拨从事互联网营销的人士逐渐退居二线，继而开始创业或转向甲方工作。而这一拨人士，未来对于服务公司会造成很大的挑战，因为他们本身就非常擅长通过大数据来洞察客户的需求，运用大数据去做创意，从而实现大数据的价值，更懂得用新的思维和新的方法去创造新的品牌形象，所以，这一拨开始创业或者转向甲方的人群，在未来也必将对现有的服务公司提出更高要求，促使其学习新的技能。如果你会的客户也都会，那你就只能做他的下游、做纯粹的执行者、做解放客户的劳动力；要么你就“打怪升级”，帮客户解决他解决不了或者不会的事情，凸显你作为服务公司存在的价值，这也是对服务公司最大的挑战之一。

因为今天的品牌单靠一个电视广告或平面广告很难为人所知，企业应从科技的角度或者艺术的角度去挖掘新的品牌价值，并借助社交媒体的力量去改变人们对于这个品牌的看法，通过不同的创意、创新手法来改变人们对于品牌形象的认知。

媒体“反扑效应”的挑战

过去在很长一段时间内，服务公司都喜欢从媒体挖人来做服务；现在媒体越来越喜欢从服务公司招纳人才来做市场。而且，百度、腾讯、阿里巴巴这些互联网公司，以及网易、凤凰、优酷等平台，越来越频繁地主动与用户接触，在自己的平台上为用户提供更多服务，其对资源的调用和执行速度相对也更快。

再者，服务公司本身具备一定的技术创新能力，结合平台本身的数据能更容易、更迅速地把消息呈现给用户、与用户互动，而这些正是媒体重金从服务公司挖人的原因所在，因为来自服务公司的人才擅长创造出更多的需求，让技术生活化，更利于创意产品的设计和策略的制定。

未来这对于服务公司也将是一个挑战，在竞争越来越白热化的情况下，这是所有服务公司应该重视的。当然，可能因为媒体不是做广告出身的，在创意以及品牌战略和品牌的长久性上还需要一些时间，所以服务公司还有一定的缓冲时间。对于服务公司来说，当通过自己的努力，看着自己所做的东西取得成绩的时候，那种成就感是无法用言语表达的。

本节导读

给职业赋能，为职场加分

要想在职场上迅速适应环境，尽快让自己职业化十分重要。做好下面这些细节，给职业赋能，为职场加分。

多请示、勤汇报、虚心为贵

关键词：沟通

职场不比校园，公司追求效益，企业追求利润，进入职场就应该发挥自己的价值，切不可持学生的心态，因为公司不会给员工开着工资让员工来慢慢学习。

当觉得自己还不能独立完成一项具有挑战性的任务时，最有效的方法就是和同事或者上司沟通，寻求帮助。比如以诚恳的姿态向身边的人求教，告诉他们你的目标和你面临的问题。虚心多问是职场新人必备的心态和技能之一，即便你的问题很多，大家也不会因此对你产生反感，因为你是新人，求教是你的“特权”。同时，对于领导而言，最希望看到的就是新人能够多问多学，问得越多，越能说明你对工作的重视，说明你对企业发展很关心，领导会因此对你留下好印象。反之，碍于面子或者标榜所谓的个性而遇事不问，则会适得其反。

做好你的事，管住你的嘴

关键词：虚心

刚接触一个新的工作环境或者项目时，职场人往往充满热情，而这股热情如果运用不当则会变成“爱出风头”。很多人在讨论工作时喜欢东插一句西插一句，表面上看似在彰显自己的热情，实则容易招致别人的反感，也容易暴露自己的真实水平。职场中，“手”永远比“嘴”值钱，踏实肯干才是正道。如果想要帮助别人，要先将自己的本职工作踏实干好，这样帮助别人时会更加轻松，别人也会对你的工作能力更加信任。

淡化个人主义，加强团队意识

关键词：团队意识

职场中，每个人是整个公司、团队中的一分子，不能自顾自地埋头苦干，而应培养团队合作的意识。例如，在与客户的交谈中，要时刻铭记“团队意识”，在沟通中要强调“我们”的概念，这样不仅能彰显团队的形象，也会增加客户对团队的信心。

团队意识不仅要展示给客户，还要渗透工作中的方方面面，要时刻站在他人的立场上思考问题。比如有事需请假时，除向领导请假外，不要忘记跟工作中相互配合的同事沟通，提前做好相关的工作说明，从而让对方及时处理好你不在岗时的相关工作。

开会不仅需要带耳朵，更要带着笔和本

关键词：总结

会议记录这件事情看似不重要，实则不然。开会时做的笔记，不仅

用于备忘，对于强化理解、快速抓取重点等更是有着重要作用。同时，会后整理的会议纪要应及时给客户或者领导审阅，以便明确需求、规范工作流程。

随着科技水平日新月异，很多人喜欢用录音的方式记录会议信息，但录音一方面不便于随时审阅，另一方面，遇到一些动辄几个小时的会议，你真的会在会议结束后去听吗？所以还是别犯懒，开会时手里拿好笔，借助笔头的力量，做好会议记录。

目标刻在“钢板”上，计划写在“沙滩”上

关键词：条理

职场人经常会做各种计划，如周计划、日计划，但是每每总结时发现很少能按照计划来实施，久而久之会认为做计划没用，反正很多事情都是计划赶不上变化。其实不然，千里之行始于足下，工作也一样，职场人不妨从日计划开始。

每天到公司后的第一件事，就是将当天要做的工作列出来，并按照时间管理法则排序后写在便利贴上形成列表，然后逐条去完成，每完成一项便划去一项。文字版的工作计划不仅能够使工作做起来更加有条理，及时与需要协调配合的同事沟通，也便于在每天工作结束后更清晰地检查自己的工作是否有遗漏。如果每天所列的工作都完成了，在计划之外又完成了新插入的工作，则会让自己生出满满的成就感。

优化工作顺序，不做职场“119”

关键词：时间管理法则

按紧急性和重要性划分，所有的工作可以分为以下 4 类：既紧急又重要、紧急不重要、重要不紧急、不紧急不重要。这 4 类工作中，没有

经验的职场新人一般会选择先做紧急的事情，这并没有什么问题，但是会让工作一直处于紧急状态，也会使你的身心一直处于十分疲惫的状态。

聪明的做法是先做重要但是不紧急的事情，这样会让你更加有条理地把握工作状态，工作时更加从容。

凡事多问几个“为什么”

关键词：正确思考

职场中踏实肯干固然重要，但领导更看重的是个人的独立思考能力，因为任何领导都不想招进一个只会干活的“机器人”，所以这就要求新人在和同事和领导交流时，要敢于提问、善于提问、勤于提问。

第一，多问不仅可以收到更多的任务背景和素材，而且问的过程也是不断明确需求的一种方式，可谓磨刀不误砍柴工。

第二，正确地提问，有条理地提问。当在工作中发现问题以及不懂的地方时，先记录下来，然后寻找机会准确地、言简意赅地请教大家，这样的习惯坚持一段时间后，你会发现你对岗位掌握的速度远比你预期的速度要快，而且这种习惯也会得到领导的赞赏。

第三，多问别人几个“为什么”的同时，也别忘记多问自己几个“为什么”，“为什么要这么做？”，“这么做会带来何种利益？”换位思考一下，“这件事这么做我会认可吗？”等。

这么做至少有两个好处。

一方面，给自己提问的过程也是自己说服自己的过程，这样，工作时会更有逻辑性。

另一方面，这样能减少被挑战的次数。每项工作多问自己几个“为什么”，这样等工作交出去时，同事或者领导提出问题的时候，因为你在之前曾经思考过，就不会出现无言以对的尴尬局面。

别做职场“怨妇”

关键词：发现问题，给出方案

工作中难免会遇到问题，但遇到问题后不能停留于抱怨，而要给出合理的解决方案，让领导、同事或者是客户做选择题，而不是让他们来帮你思考。此外，还要根据对方的反馈去逆向思考为什么会有这样的问题出现，下次再出现时应该怎样应对，这才是职场人面对问题时应有的态度。

你的工作你做主

关键词：责任心

刚接受新的工作时，往往会因不熟悉、经验不足而错漏百出，自信心和积极性会很受打击，久而久之便容易对工作失去兴趣，甚至因此意志消沉，觉得自己不适合这份工作，或是形成一种消极心理。

面对此类问题，首先，职场人要意识到职场中人人都会遇到挫折，错误更是在所难免，但是在遇到问题时，要积极面对，锻炼自己的抗压能力，以一个乐观的心态解决面前的困难。其次，要学会独当一面。面对自己不熟悉的工作，很多人内心的潜台词是：反正我不熟悉，我的工作领导最后会把关，所以差不多了就先交给领导，等领导反馈完后我再完善……切不可有这种心态，领导既然把这项任务交给你，就说明领导相信你能够胜任，所以你要敢于承担，不要畏首畏尾，更不要以“不熟悉”为挡箭牌，产生一种等、靠（靠同事、靠领导）的心理。

建立职场数据库，让工作事半功倍

关键词：素材积累

随时整理自己的素材库，是所有职场人都应该养成的良好的工作习惯。

创意素材库：职场人在工作中、生活中遇到好的素材应该随时记录下来，让自己永远处于一种学习的状态。谁无法保证自己的头脑永远能够跟上接踵而至的不同任务，但是每个人可以在日常生活中多积累一些好的创意素材，以备不时之需。

文字话术库：每一次文案撰写的过程都是学习的过程，写这篇文案时遇到的问题、下次写时应该注意的问题以及可以反复利用的标准话术，都应随时记录在素材库当中，这样，便于在下次写文案的时候检查错误，有些重复段落可以直接拷贝，文案交接时也更清晰和明确。

项目管理库：随时记录每一位客户的企业文化、理念，喜欢的方式、避讳的敏感词汇等。

职场人平时建立起来的工作数据库，对于丰富自己的头脑、提升自己的能力以及职场晋升等，都颇有益处。

规范的文档给人以美的享受

关键词：文档格式

对于大多数职场人而言，如果给你一个任务，要求你按照指定的格式来写，而实际上你并不明白为什么要写这些内容、为什么要按照这个顺序来写、这个内容是不是真的需要。在这样的情况下，你可能会做一些毫无意义的文字堆砌从而浪费宝贵的时间，或者总是无法确定自己的文字是不是对方需要的。

文档的内容就是一种书面凭证，不仅代表着个人的工作态度，甚至代表着整个团队乃至整个公司的整体形象，规范的文档会给人以美的享受，因此一个专业规范的文档格式对工作有着非常实用的帮助。下面以制作邮件为例说明如何制作规范的文档。

第一，邮件名要突出邮件的主旨，让别人看到主题就能明白你想传递什么，意思清晰、引人注目。格式：项目名（文档归类，针对性强，

利于检索）+ 项目主体（邮件的核心主题）+ 时间（清晰），如：奔跑互动（SocialRun）企业文化 |4 月团建工作安排 @20170208。

第二，正文部分。首先是称谓，准确清晰的礼貌称呼能给人留下好的印象，这跟快速记住对方名字是一样的道理；其次是正文的内容，先整体概述要传递的内容，再用“第一，第二，第三……”等格式按顺序详细描述，这样别人会觉得你思路清晰，内容主次分明，既能看得明白，又能体现出你工作的价值。

第三，对于需要频繁来往的邮件，建议在原邮件上进行回复，这样邮件会自动归类分组，使事件发展的时间脉络十分清晰，就算是初次接触该邮件的人也能通过以往的邮件往来清楚地了解整个事件。

第四，如果邮件需要插入附件，正文部分也要简单地阐述一下附件的内容，使阅读者对附件有一个大致的了解，不至于忽略重要信息。附件部分要规范文档的命名，必要时最好在命名时加入主题内容、日期、公司品牌等。

在聊天中学会辩证思考

关键词：分享与学习

每个人都是一个独立的个体，每个人的兴趣点、关注点、喜好都不一样，对于自己热衷的事物都会有自己的理解和思考方式，为此也难免会局限于自我的认知。

所以，职场人可以在工作休闲之余，跟周围的同事多聊聊天。金无足赤，人无完人，有些事情并没有好坏与对错之分，与大家交流和探讨的过程，不仅能扩充自己认知事物的广度，而且对于同一事件，听取了多方的不同看法和见解之后，会让自己更立体、多角度地思考问题，让自己的思维更加多元，达到“1+1>2”的效果。

不要让你的苦劳淹没你的功劳

关键词：价值汇报

在职场中，卖力干活自然好，但切勿埋头苦干，不要让你的苦劳淹没你的功劳，要让领导获知你努力工作的价值。那么如何体现自己的价值呢？汇报就是一种很好的方式。汇报一定不是透露出自己有多辛苦，像“熬夜工作到凌晨 3 点”“一宿没睡”等看似表明你十分努力的话语实则并无实际意义，它们传递的只是一个努力干活的形象而已，不会得到领导更多的关注。所以职场人在工作中要学会巧干，即有价值地去工作，减少自己的辛劳、苦劳、疲劳，增加自己的功劳，在向领导汇报工作时也要让领导认识到你的价值，适当凸显自己做了什么事情、为什么要这么做以及这么做会给公司带来什么样的价值等。领导想要看到的是一个有思想、能为公司带来利润的员工，而不是一个只知道努力干活的“大水牛”。

年轻是资本和勇气的源泉，但缺乏工作经验的人在还未了解公司运作、工作内容时，要多看、多听、慎做，把复杂的事做简单，把简单的事做仔细，这样才能尽快地适应工作，也更容易得到领导的赏识。

信任并不代表对过程不监管

关键词：监管

在职场中，无论愿意与否，职场人都要和不同岗位的同事建立合作关系，无条件信任对方的专业能力与业务优势，在项目进程中各司其职又密切配合。很多人认为，信任的关键就是不干涉，因为只有不干涉才能表达对对方的绝对尊重。其实不然，信任并不代表合作过程中对对方放任不管，合作双方需要在对方的进度中确认自己在项目中的坐标与节奏，这样一旦发现有工作衔接上的漏洞就可以及时纠正与弥补，合理的监管能更好地推进彼此的合作。

举个常见的例子。相信很多人都有“拖延症”——接到一个不十分紧急的任务时往往会先将之搁置在一边，转而去做其他轻松的事情，在任务截止前两天才会着手去做。这样如果出现任何变故都会让人措手不及，甚至会影响工作排期。如果在准备工作阶段，合作双方能够互相了解一下工作进程，就不会出现类似延误排期的现象，但大部分人担心这样的沟通会伤和气。其实信任与监管并不矛盾，单纯的信任有时会为合作埋下不必要的“雷”，而恰到好处的监管则利于工作的推进，因此，不要羞于启齿，把合作的疑虑问出来吧。

最后把我总结的一首打油诗分享给大家。

明确需求是第一，
文字图片来确认，
以终为始显能力，
不断沟通保方向，
工作排序须牢记，
重点关键必清晰，
5W1H 能帮忙。

后记

作为理科班中的“文科生”的我，对于文字可以说是情有独钟，但是真正触动我写这本书的是，在2015年，我的好朋友武超正好刚出版了他的职场小说《逆路》；我和他一起跟出版社的编辑接触和交流后，编辑老师突然对我说：“其实你也可以出本书。”从此，这个念头就在我的心里埋下了。

有了想法我就开始付诸实践。在接下来的日子我开始尝试着写，每天都很兴奋，因为这个行业每天都在发生新的变化，我每天都觉得有新的内容可以写进书里与大家分享。当写到10多万字的时候，我发现新的东西写不完，而且新的内容还没写完，又发现前面分享的当时觉得有用的内容已经过时，随着时间的验证，有些内容是立不住脚的。对此，我迷茫了，不知道如何继续推进，后来加上工作忙，写作就慢慢搁置了。

2018年，我意识到应“深挖洞广积粮”，于是重新开始整理以前的工作记录，温故而知新。在整理复盘过往的项目时，我突然意识到，之前的写作思路不对，我不应该追着潮流而哗众取宠，真正实用且不会过时的内容，一定是经得起时间考验的，而这些其实就是事情的本质。快餐文化已经太多了，为什么我不写点自己这么多年来靠实战积累和建立起来的思维方式甚至是教训呢？

重新下笔的时候，尽管我做了充分的准备，可是写作的过程依然痛苦——总结提炼，找人阅读听反馈，一个不断否定与自我否定的过程，让我从信心满满到战战兢兢。完稿后，在交给出版社之前，自己来回修改了4次。尽管从有这个想法到最终给出版社交稿，已经历时3年有余，但一直到现在我还坚信《营销内核：市场、品牌、消费者深层次洞察与创意策划》这本书的内容并非已经完善，在此也欢迎大家与我共同探讨交流。

行文至此，除了感谢所有为这本书的出版给予帮助的良师益友之外，我还想感谢几位朋友。

凯哥（李凯）：我永远也不会忘记，入职的第一天，我收到一个医药策划案，下班检查“作业”时被凯哥批评5个小时的那种尴尬与痛苦。也正是这种磨砺，激发了我的斗志和韧劲。跟凯哥共事3年，我们亦师亦友。他告诉我经验会过时，但是工具和逻辑的思维方式不会过时，教会我如何深层剖析产品的核心利益点、洞察用户痛点；引导我无论是小项目还是大项目，应如何去抓住事物的核心本质，做好时间管理与项目管理，以及后来为提升我的格局和眼界，让公司的刘晓鹏、樊学鸿两位领导每周对我进行培训，几位领导不惜重金给我报领袖行动（Leader Program，LP）课程，让我去学习。那几年也是我成长最快的几年，很多所学知识至今仍然受用。

老郭永浩：老郭并不老，比我还小几岁，本名郭浩。工作上我们是好搭档，生活中我们是好兄弟。都说朋友最好不要合伙，郭浩是被我说服而放弃世界500强公司的高额年薪，出来和我一起创业的搭档。事实也证明我们搭档做奔跑互动团队这几年，不仅打破了朋友不能合伙的禁锢，而且我们搭档，让我真正体会到什么叫作“1+1>2”。老实说，郭浩虽然比我小，但是在很多方面都远超于我，文中的很多案例和创意都是跟他一起实现的。当然，这其中也有很多他对我的支持和包容。

小乐（乐红丽）：为支持我出这本书，小乐加班通宵地帮我画图。文中的配图，基本都是出自她之手。

我的老婆和孩子：一心扑在工作上的我，几乎没有周末，没有昼夜之分，没有时间陪伴家人。也希望闺女在以后会为爸爸所做的事情而骄傲，并理解我的选择、学会我的坚持，最重要的是，健康快乐地成长！